U0056742

超容易複製的存股法，讓股息自己流進來

月光族存到500張股票

劉建鑫（牛老闆）◎著

Contents

Chapter3 掌握存股訣竅

Contents

推薦序

在投資市場上　要賺就要一起賺

長期投資是什麼？講簡單的，就是選個好標的然後當個好股東。

那麼，要如何才能選到好標的呢？去找那些長期表現績優的公司，以及長期績效勝過同期大盤的 ETF（指數股票型基金）。

長期績效勝過同期大盤的 ETF 這點好理解，那什麼是長期表現績優的公司？如何定義？要確認一家公司長期表現績優與否，最主要就是觀察這家公司是否連年賺錢，並且不曾中斷配發盈餘給股東。

我們要知道，一家有能力連續配發盈餘 20 年、30 年以上的公司，同時也意味著它們長期具有處理市場景氣循環的經營能力，並且能在經濟下行時扭轉公司獲利引擎，再創成長趨勢，所以才能長期保持賺錢，以及連年將盈餘分紅給股東。

而至於這群連年都賺錢還能分紅給股東的企業，我們還需要過分擔心它們的經營實力嗎？

老實講，大俠這個人就是如此實際，個人認為與其花時間去關注一家公司的法說會，還不如去觀察一家公司的經營團隊是否能讓股東長期安心。

一家從來不曾讓股東擔憂過的公司，是會把股東變得很懶的，因為要是一家公司還要讓股東時常擔心這擔心那，讓股東天天鑽研財報變得比公司員工還要懂得財務結構，那麼就會失去當股東的意義了。

正如開頭所說，身為一名好股東，就是要學習如何挑選並投資那些優秀的公司，然後把市場景氣及公司營運等種種問題，統統交給那些強而有力的經營團隊去煩惱並解決。

當我們選好股又徹底執行資金布局紀律後，接下來就是好好生活等待獲利的發酵。而在發酵的過程中，心態就是其中最重要的一環，因為要是沒有足夠的抗壓能力以及良好的心態，再好的股票也無法讓你賺到錢。

此書作者牛老闆，其投資心法強調務實為息以及長線布局，把時間著重於生活，讀到這邊的讀者朋友不妨也去他的臉書觀看，就會發現牛老闆時常樂於助人，甚至是全台跑透透到處喝嘎B（咖啡）結交朋友，並且手把手帶領無數投資新鮮人踏入股票投資市場。

而大俠認為股東生活就該如此，也就是當自己懂得如何投資布局後，就該盡力去幫助其他還沒找到方法的投資人，並用實際的對帳單，以及務實的策略帶領大家一起在股票市場中得到長期完整且合理的投資報酬。

如果你還沒開始進場做投資，但是起碼你願意拿起投資相關書籍來翻閱，並且還閱讀到了這一行，那麼大俠相信你離靠投資 Cover 生活每一天的目標，就又靠近了一步。

如果你不嫌棄也可以到牛老闆、龍校長、肥羊醫師，或者是大俠的臉書，點開私訊將你的疑問來私訊我們，我們都非常樂意為你來做解答。

因為大俠始終認為，在投資市場上，要賺，就要一起賺。

《股息 Cover 我每一天》作者

大俠武林

推薦序

投資貴在淺顯易懂

牛腱心是非常有意思的人，許多的財經網紅都只強調自己炒股賺多少錢，技巧多麼高超，但牛腱心很少說這些。他的持股就是合庫金（5880），對帳單還是合庫金，賺多少，你自己算就知道，也沒啥好提的。雖然最近他又增添了富邦金（2881）和裕融（9941），但比起其他連買哪些股票都不肯講，深不可測的財經網紅，牛腱心算是很淺顯易懂。

一般人在持有股票時，總是不斷誇耀自家公司的優點，打擊別家公司的缺點。常看到中信金（2891）激戰兆豐金（2886），合庫金火拼富邦金，明明金控股就只有14家，卻內鬥得如此激烈，也是一絕。但牛腱心卻抱怨自己的合庫金獲利平平，沒有成長性，老是踩呆帳的雷，嚇到我都吃手手了。很怕這本書出版之後，牛腱心就被合庫金社團直接踢出去。

其實牛鍵心之所以如此數落自家股票的缺點，真正的用意，在於強調持股的平衡性。持有公家金控，你的生活就會偏向呆板無趣，但現金股利卻是領得很穩定；持有民營金控，股價和獲利會比較活潑，但現金股利就會趨向不穩定。別說發不出現金股利，甚至還會現金增資，跟你討錢。牛鍵心用合庫金作為主力持股，再搭配富邦金和裕融，來修正主力持股的缺點，海納百川，方能成其大。

牛鍵心不只善於炒股，他在理財上也是一絕。像我們當醫師的，常被人吐槽，考不上醫學系，要怎麼有錢炒股呢？我都是建議他們去讀波蘭醫學系，再回台灣考醫師執照，然後就沒人理睬我了。但牛鍵心不同，他出身於貧困家庭，沒有顯赫的學歷加持，不是醫師，不是工程師，完全就是個最基層的螺絲釘而已。一顆小小螺絲釘，能夠爬到今天這種地步，也是很讓人震驚。

牛鍵心不只擅長炒股，他更熱心助人。我常看到他很親切地指導路人甲如何理財，逐一數落出路人甲應該改進的缺點。路人甲就只是來問股票而已，被牛鍵心這樣一數落之後，很快就翻臉了。畢竟誰會願意承認自己有缺點？人家只是想炒股發財而已。

我問過牛鍵心：「這樣得罪人有何意義？」牛鍵心很嚴肅地回答我：「路人甲最大的問題點，不是股票，而是開銷毫無節制。今天我如果不指出他的問題點，他永遠不會知道自己有問題。」牛鍵心這種性格，該說是正直呢？還是傻呆呢？社會上願意說實話的人不多了，希望大家多多支持他。

股市肥羊

翁建原

推薦序

存股要選大到不能倒的公司

跟一些只想靠股票一步登天、不勞而獲的年輕人不一樣，牛老闆在自己的工作上非常認真。據我所知，他賺到的收入除了孝順父母、付房貸、生活開銷之外，就是全部放入股票。

我也是自己創業做生意，先拼到了工作收入，把錢存到了，才開始想到應該要用投資把錢留下來。我是給奶奶帶大的，她常跟我說：「有錢要存，但不能存到不見。」因為不懂股票，我就先買房子，後來開始接觸股票後，我也開始投資，然後專門投資產業龍頭，龍頭公司賺錢的能力好，也不容易倒，我們這種小股民才不會投資到公司不見。

金融海嘯後的 2009 年股市很不好，我把手上一筆幾百萬元的閒錢拿去買台積電（2330）和鴻海（2317），成本分別是45元左右和60元左右；後來因為工作太忙，我很少關心股票。到了2014年，看到房子漲很多，想再買房也買不下去，就再打開股票帳戶，發現台積電已經漲了2倍、鴻海也漲了快50%，原本幾百萬元的本金翻到超過1,700萬元，報酬還真是不錯。

這些股票漲這麼多，但是我內心還是想要投資更穩一點的股票，就選了金融股，當時我買的是兆豐金（2886）。因為做生意常在換匯，兆豐金是外幣結算平台的美元、歐元清算銀行，可以說是國家命脈，大到不能倒，所以我開始買兆豐金，後來也把台積電和鴻海賣掉都換成兆豐金，平均成本大約23元。

沒想到2020年年初，兆豐金也漲到了超過30元，我又想要換股，就鎖定了金管會當時公布的系統性重要銀行名單，也就是所謂大到不能倒的銀行，有兆豐銀行、合作金庫銀行、中國信託銀行、國泰世華銀行、台北富邦銀行（後來在2020年年底又新增一家第一銀行）。其中，合作金庫銀行所屬金控合庫金（5880）是官股持股最高比重的金融股，重要性不輸兆豐金，殖利率也高，遂成為我換股的首選。

結果過了一個農曆年，發生新冠肺炎疫情，股市大跌，既然本來就要換股票，想想也是不錯的時機，就把兆豐金賣了換成合庫金。我雖然是在平均 27 元左右賣掉兆豐金，比在 30 多元賣掉少賺很多，但是我仍用很低的股價買到了合庫金，平均成本大約 16.5 元，也不算吃虧。

牛老闆一開始就是存金融股，他比較謹慎，資金是分批慢慢買，他說存這些股票像在存金雞母，目的確定了就是靠時間養成、養大，也不會因為股價起伏而動搖，不像一般散戶喜歡以小搏大賺快錢，這點對於年輕人來說是很不容易做到的。

因為彼此的投資理念有很多共同點，我們從互相關注，到時常聯繫交流，後來還一起當了臉書（Facebook）社團「為息而來」的管理員。其實一開始這個社團是牛老闆自行創立的，名字叫做「存股公社」，只是太多臉書社團都用「存股」的字眼，我才建議牛老闆可以換個名字，後來換成「為息而來」這個名稱，是從我投資的底層思想取名的，確實傳達我們存股就是為了「息」而來。

很高興能看到牛老闆把投資的心得寫成書，造福廣大讀者。你可以看到他想傳達的投資理念很簡單，就是選大到不能倒的公司，然後交給機器人投資（定期定額買進），不用管帳上的浮動獲利，最後存到的股票就是每年生出股息給我們，讓我們退休後也有錢可以用。

投資其實不需要太多花招，在股市久了，會發現投資的心理比投資的技術更重要。一直買，安心買，存讓你安心的股票，就不用天天擔心股票漲了還是跌了，還可以在能夠工作的時候專心拼本業收入，開心過生活。愈簡單的投資方式，反而常常是讓我們能賺更多的方式。

龍校長《為息而來》FB 版主

龍校長

自序

用股息打造出無憂的生活方式

跟大多數人一樣，我不是出身富有家庭，但為了成為「富一代」，從小到現在，一路上我時時刻刻都非常努力，對於賺錢這件事特別有企圖心，也持續在現實生活中實踐「變有錢」的行動。

我出生於台中市，爸爸在化學鞋廠工作、媽媽是家庭主婦；在家中我排行老二，上有一個哥哥，下有一個弟弟。自從 2004 年到桃園就讀大學之後，就在桃園中壢住下來，已經 19 個年頭了。

原本我也只是個普通的上班族，剛出社會時更曾當過一段時間的月光族，快要 30 歲時才開始積極存錢，並且定期定額買基金，也因此存到了買房頭期款。後來因緣際會轉換工作跑道，進入了目前從事的飾品批發業，收入更有了明顯的成長。

2018 年，也就是我 33 歲時，開始認真踏進存股的行列，至今已經進入第 5 年，我預估 2023 年將能領到約 139 萬元的現金股利。

其實在知道存股是很適合我的方式之前，我有過一段被割韭菜的投資經歷，但也因為這段經歷，影響了我後來的投資思路。我不想再為了每天股價的漲跌戰戰兢兢！如果想要透過投資用錢滾錢，達到我想要的財富目標，我需要的是一個穩定、持續、細水長流、有安全感的投資模式。

起初想脫離短線進出的韭菜人生時，我也是有點迷惘的，大概是因為先前玩短線賠錢的陰影還存在，就算想要重新開始，還是得再拿出工作賺來的辛苦錢投資，因此存股初期非常害怕再次犯錯，投入的錢也不多，第 1 年只投入不到 50 萬元的資金。

但到了存股第 2 年，股利開始進帳，雖然只有 2 萬多元，卻比之前玩短線賺幾萬元的感受更踏實。在持續吸收理財、投資知識的狀況下，我逐漸放下過去的過錯與損失，開始放大投入的金額。

第 2 年我持續定期投入，但是大幅提高投入金額。2020 年由於新冠肺炎疫情發生股災，股市全面下殺，但我沒有退縮，持續投入手邊的資金，隔年（2021 年）順利領到 70 萬元的股息。

我很清楚，我需要的不是一個報酬率最高的投資項目，而是一個無論我本業工作多麼忙碌，無論我有沒有空看盤、看新聞，我所投資的資產，都能夠不斷地有現金流進帳，這對我來說就是最棒的投資方式。

從 2018 年 3 月 26 日開始存股的第 1 天起，我就四處跟朋友分享我為什麼存股，這是我的小祕訣——因為把目標告訴身邊的朋友，讓朋友們一起見證，比較不容易放棄！

事實上我的父母在知道我又開始投資股市後都很不

安，就算我告訴他們再多存股的優點，他們只要聽到股票就覺得恐懼。所以我在 2021 年 4 月底時成立了臉書（Facebook）粉絲專頁，希望能讓父母親了解我的存股過程和想法。

現在，我的母親和兄弟，因為看到了我存股有一些成績，也開始依照我的方式做長期投資，儘管時間還不長，但也開始領到股利，體會到存股的意義與好處。

在存股的過程中，有 2 位前輩對我的意義特別重大。一位是知名的肥羊醫師，我收藏了他寫的每一本書；雖然他的核心持股與我不同，也在存股過程中加入靈活的操作技巧，但是他對於長期投資養肥股票部位的心態，是我能堅定長期存股的重要原因。另一位則是龍校長，他本身是自行創業，存的股票比我多出很多，也因為存股理念相同，我們一起創立了臉書「為息而來」，我們時常分享自己對於存股的觀點，希望能讓更多朋友了解存好股票、長期投資、創造現金流的優點。

2022 年時，我已經存到 500 張合庫金（5880），接下來我希望達成的目標，是存到市值500萬元的富邦金（2881），並且訂下在2030年達成股票總市值5,000萬元的長期目標。

我認為存股真的是最適合多數人累積財富的方法，而且當存股時間愈長、存股部位累積愈大後，市場的波動對你的心理狀態就愈不會造成影響。你只會看到自己持有的股票市值愈來愈高，股息領得愈來愈多，內心也會愈來愈踏實。

非常感謝《Smart智富》月刊，讓我有機會能把自己的投資經驗及想法分享給各位，也很感謝每一位和我交流過的投資朋友，讓我能更堅持長期投資、讓股息自己流進來的信念。希望透過這本書籍，能夠幫助你建立一套穩定的投資框架，打造出屬於你自己的無憂生活方式。

Chapter 1

展開致富行動

強迫儲蓄
500張合庫金

2022 年，台灣股市經歷 1 年多的大漲之後，從萬八高點下墜，不到 10 個月最多跌掉將近 6,000 點，把 2021 年的漲幅全數回吐。儘管我的股票帳面市值也縮水許多，但總計我在 2022 年領到的股息突破了 100 萬元，還把房屋貸款提前繳清，向財富自由人生邁進了一大步。這一年，我 38 歲。

雖然沒有了不起的學歷和富裕的出身，但我在很小的時候，就知道賺錢很重要。小學時期應該很多人都是跟長輩拿零用錢，而我則是從小學 3 年級到 6 年級，就會利用放學後和寒暑假的時間，到住家附近的鐵工廠打工貼補家用，幫忙父母親分擔家計。

出社會後，我的第 1 份正職工作就離開台中家鄉，到北部從事承包工程業，為了增加收入，還兼職做直銷。雖然有雙份收入，但是因在外地工作，最大筆的開銷就是房租支出；又因下班後和假日期間需要到各地交際應酬，汽車的油錢和交際費也是不小的開銷。所以出社會後有 3 年的時間，我的所有存款不曾超過新台幣 5 萬元。

因為能用的生活費實在不多，我盡可能在日常生活當中省錢。記得有一次我看到同事的水壺好像很不錯，順口問了他去哪裡買？能不能幫我買一個？結果那個水壺竟然要價 1,000 多元，我根本沒有這個預算，只好敷衍同事說我自己去買就好。

事實上，別說 1,000 多元的水壺了，剛出社會的我，就連麥當勞也捨不得吃，一份 100 多元的麥當勞套餐，我都能去永和豆漿或小吃攤吃三餐了。偏偏有次跟朋友相約，朋友就說要吃麥當勞，礙於難以啟齒，我還是忍痛把一天三餐的預算花下去，當時那份掙扎的心情，到現在都還記憶猶新。

靠儲蓄＋定期定額，存到買房頭期款

所幸經歷轉職，獲得正職收入的成長，再加上兼職的收入，我在 30 歲前就擁有年收入 150 萬元。由於我大學時期在桃園市中壢區租屋，工作也在北部，因此心中一直有在桃園市買房的想法，但是工作幾年後，存錢速度卻還是很慢。直到有次和工作上認識的一位好朋友「李老闆」聊天後，我才開始更積極的存錢。

李老闆從事貿易業，一個人從金門來桃園打拼且事業有成，我們每週都會碰面一起去打球，我請教他白手起家的過程，他告訴我的其中一個關鍵，就是無論再怎麼辛苦，都一定要把 1/3 收入存下來，有了基本的存款，才有資本開展後面的事業。

我依照他的建議，開始用「先儲蓄，再支出」的方式更積極的存錢。只是存了錢還不夠，我知道我必須靠投資讓錢愈滾愈大。於是我先每月定期定額撥出 5,000 元，投資同事建議的一檔台股共同基金，再持續努力工作、每月強迫自己儲蓄，終於順利累積到人生第 1 桶金 100 萬元，也讓我買房的頭期款有了著落。隨後便在 2015 年，也就是我 31 歲時買房，訂下了 1 間位於桃園中壢的預售屋。

殺進殺出導致賠錢收場，改採懶人投資法

我的買房頭期款其實不到 100 萬元，主要是用儲蓄支付的；而買房後即使每月要繳大約 1 萬 6,500 元的房貸，我也仍然持續投資基金。但因看到朋友買股票有賺錢，讓我也想跟著進入股市，希望能盡快錢滾錢，所以在 2016 年 11 月，我生日的前一天，就花了 3 萬多元下單買進第 1 張股票，當作送給自己的生日禮物。

隔年因為母親身體抱恙，我原本打算先留職停薪回家鄉照顧母親，無奈我留職停薪的時間已經超過公司允許的程度，索性把工作辭了，打算先回家再另謀出路。

辭職後，剛開始我是批貨在網路上賣飾品，收入還算可以，但我很快就發現上游生意的利潤更好；於是就與我認識的上游廠商一起合夥做批發，幾個月後我就自行創業，年收入大幅提高到約 400 萬元。

由於我手上的存款持續增加，因此買的股票也愈來愈多。說出來不怕大家笑，當時買股票基本上都是亂買，

聽朋友說不錯的我就跟著買，像是已下市的期富邦 VIX 和元大 S&P 原油正 2 我都買過，曾大賺過 1 次 60 萬元，也曾大賠過一筆將近 30 萬元，不過整體來說還是小賺大賠。

2018 年年初，我終於面對現實，結算這段期間買賣股票的成果，結果一共虧損 28 萬元。現在回想起來，當時自以為是在投資，卻是在投機，只不過是抱著賭徒心態想低買高賣，賠錢收場也是理所當然。雖然 28 萬元對很多人來說不算是很大一筆錢，但是忙著進進出出卻沒有賺到錢，說真的還是很令人洩氣。

認賠之後，因為工作忙碌，沒辦法再花太多時間研究投資，於是我不斷思考，究竟要怎麼做，才可以永續經營我的投資之路？

因此我只要有空的時候，就會積極閱讀財經新聞，當時正是台灣上市櫃公司陸續公布股息的期間，可以看到媒體上出現「台股股息今年預計發出〇〇億元」、「外資從台灣領走〇〇億元股息」……等報導，讓我對「股息」這兩個字產生非常大的興趣。

此後，我又追蹤了網路上的幾個投資粉絲專頁和存股社團，看到了許多前輩的分享，終於決定開始採取這個不用花費心力殺進殺出，就可以獲得安心收入的懶人投資法。

存股歷經4階段，達成年領百萬股息目標

經過一番研究之後，我選定收入穩定、同時有能力長期發放股利，且股價相對親民的金控股，作為領息投資的開端。

階段1》以金控股作為投資領息開端

我一開始的目標是希望 6 年內能存到 300 張股票，因此我在 2018 年 3 月 26 日這天，從眾多屬意的股票中，選擇了股價相對較低的台新金（2887），開始了布局投資領息的第一步（詳見表 1）。

之後因為在臉書（Facebook）投資社團認識了股市肥

表1 合庫金為牛老闆主要核心持股
——牛老闆的歷年持股表

投資年度	持股
2018	合庫金（5880）、中信金（2891）、台新金（2887）
2019	
2020	合庫金（5880）、中信金（2891）
2021	合庫金（5880）、中信金（2891）、台　泥（1101）、聯　華（1229）、裕　融（9941）、國泰永續高股息（00878）、國泰台灣5G+（00881）
2022	合庫金（5880）、富邦金（2881）、裕　融（9941）

羊醫師、龍校長前輩，也陸續開始存大型民營金控中信金（2891）、泛公股銀行之一的合庫金（5880），2018 年總共投入本金約 45 萬 6,780 元。

隔年，我第 1 次領到股息，雖然金額不到 3 萬元，但是 6% 的股息殖利率還是非常令人滿意（本文所提到的股息殖利率，單純是以「當年領到的現金股利」除以「我的買進成本」來計算）！原來還有一種投資方式，是可以「只贏」，而且不需要「止盈」（停利）以及「止損」（停損）的。

表2 牛老闆在2021年股息突破百萬元
——牛老闆的歷年領息紀錄

投資年度	自2018年起累積投入成本（元）	年底股票總市值（元）	領息年度	領息金額（元）	股息殖利率（%）
2018	45萬6,780	48萬5,050	2019	2萬7,528	6.03
2019	152萬1,067	156萬4,890	2020	9萬6,155	6.32
2020	803萬1,300	832萬6,034	2021	70萬302	8.72
2021	1,242萬7,746	1,584萬2,424	2022	129萬2,774	7.05
2022	1,370萬8,516	1,532萬6,034	2023*	139萬4,777*	10.17*

註：1. 股息殖利率是以投入成本計算，算法為「領息金額 ÷ 自 2018 年起累積投入成本 ×100%」；2. 表中投資年度 2022 年之投入成本及股票總市值結算日為 2022.11.30，* 領息年度 2023 年之領息金額及股息殖利率為預估值

2019 年我持續買合庫金、中信金、台新金，加計 2018 年的累計投入本金約 152 萬 1,067 元，年底股票市值為 156 萬 4,890 元，投資報酬率 2.8%。隔年領到的股息成長到了 9 萬 6,155 元，股息殖利率約 6.32%（詳見表 2）。

階段2》出清表現較不佳的標的

到了 2020 年，突然發生的新冠肺炎疫情造成股市大跌，我的持股也不例外，合庫金從原本的 20 元～ 21

元，最低跌到 15.85 元；中信金也從原本 22 元～ 23 元，最低跌到 16.05 元。當時我仍維持從每月收入撥出 1/3 資金買股的紀律，並將持續扣款的基金停扣贖回的 100 多萬元資金，以及收回投資餐廳的本金 200 多萬元，全數分批投入存合庫金、中信金；至於台新金則不再繼續存，賣出後轉換到我認為更穩的合庫金及中信金。

總計 2018 年～ 2020 年這 3 年，累積投入本金約 803 萬 1,300 元，到了 2020 年年底結算股票市值為 832 萬 6,034 元，投資報酬率 13.88%，並在隔年領到股息 70 萬 302 元，股息殖利率約 8.72%。

階段3》嘗試布局非金融股

2021 年，我一方面訂下了存到 500 張合庫金的計畫，一方面想要嘗試布局非金融產業的衛星持股，因此當年除權息前我還買進了知名存股標的台泥（1101）、聯華（1229）、裕融（9941），以及 ETF 如國泰永續高股息（00878）、國泰台灣 5G +（00881）。就在 2021 年這年，我領到的股息達到 70 萬元，按照累積投入本金 1,242 萬 7,746 元計算，股息殖利率達到

7.05% 的水準。

階段4》再度回歸集中持股

不過到了 2021 年年底，我發現同時持有 7 檔股票，在管理上會有些吃力，於是我決定加以精簡並集中持股，在 2021 年年底時先將中信金全數轉換到合庫金，隨後又在 2022 年陸續將台泥、聯華、國泰永續高股息、國泰台灣 5G ＋出清，同樣全數轉換到合庫金。也因此，存滿 500 張合庫金的目標，提前在 2022 年 6 月 30 日這天完成了。

2022 年這年，我的持股集中在合庫金、第 2 檔核心持股富邦金（2881），衛星持股也只留下 1 檔裕融，當年一共領到股息 129 萬 2,774 元，結算到 2022 年 11 月 30 日，股票市值 1,532 萬 6,034 元。

存股只要選定好標的，就能存錢存到贏

存股進入第 5 年，我發現堅持存股的好處在於，除了股票市值能不斷的增加，也不需要擔驚受怕，更不用因

為每天盯著股價變化而降低生活品質。只要選定好的標的，當作在養金雞母，將閒錢不斷投入，當作存錢就好。只要會存錢，就能存到贏（盈）！

因為我還有工作收入，所以我不要求每年要賺 18%、20%，只要總投入資金能創造 5% 的股息，就能勝過定存，還能打敗長期的物價上漲，很適合不想花太多時間看盤投資的我。而省下的看盤時間，我也可以更用心經營本業，或是做自己喜歡的事情，不用為了短線殺進殺出而心神不寧。

由於我已經解鎖存到 500 張合庫金的任務，接下來我的計畫如下：

1. 短期目標：

富邦金市值累積到 500 萬元，約 2023 年除權息以前完成。

2. 中期目標：

股票市值累積到 3,000 萬元，預計在 2026 年 12 月完成。

3. 長期目標：

股票市值累積到 5,000 萬元，預計在 2030 年 12 月完成。

由於每年的所有股利我都是再投入原本市場，每個月也會持續投入新資金約 15 萬元～ 20 萬元，我想，如果沒有意外事件，應該可以如期完成；如果因為收入減少而無法如期完成，頂多也就是慢個幾年，無傷大雅。只要盡力而為，讓今天的自己比昨天的自己更好。

1-2 掌握3重點 落實「變有錢」想法

我在存股第 4 年時領到的股息超過 100 萬元，不免有人會覺得不平衡：「你股息可以領這麼多，是因為你本業賺比較多，本金投入也比較多啊！普通小資族根本很難做到……。」

家庭背景和個人條件本來每個人就不相同，永遠比上不足，比下有餘。百萬股息的確本金夠多就能輕鬆做到，但是，我也不是天生就是「本金多」，我也可以整天嫉妒那些有富爸媽的人，憑什麼不用工作、不用投資，就能爽爽過一輩子？

如果只會這樣怨天尤人，永遠不可能改善自己的生活，更別說是想領百萬股息，甚至財富自由了。像我這樣出身普通人家的孩子，可以賺到比一般上班族更好的收入，到現在累積到還算滿意的資產，我想最重要的是我對賺錢的企圖心特別強烈，並且積極付諸行動，我自己認為有 3 個重點：

重點1》不滿足於現狀，積極設法提高收入

其實我從小學 3 年級開始到鐵工廠打工時，就有想要「變有錢」的念頭。當時的工作雖然簡單，但也辛苦，晚上回家洗完澡，還要拿細針把插滿手上的細微鐵屑挑出來。

做一個零件，工資只有 4 角～ 6 角，就算速度再快，工作再努力，一天能做的數量和能領到的工資還是有限。當時我就給自己一個目標，以後長大，要從事能賺更多錢的工作，過上不一樣的生活。

讀完大學、服完兵役後，我只到 2 家公司工作過，也就是有共約 6 年半的時間是領公司薪水，後來就因緣際會轉行從事網路購物事業。

當時轉行也是為了照顧母親，必須找個時間彈性的工作，正好在臉書上認識了一對從事批發業的夫妻，他們

教我可以向他們批貨，再賣給有需要的人。我做了些功課，發現經營網購的成本遠低於開實體店的成本，很適合沒有經驗的入門者，時間相對自由，也符合我的需求。

決定好從事網購，還得評估該賣什麼商品才能成功。需求最高也最好賣的，大概就是食品、衣服等民生必需品，但是要付出的成本相對高、商品容積大，其中食品還有保存問題及食品安全風險，所以不在我的考慮範圍。

經過多番比較，我發現「飾品」的成本相對低，要做這門生意並不需要押上太多資金，較不會有資金周轉問題，也不用擔心商品的保存期限。相對地，由於此市場進入門檻低，競爭狀況也非常激烈；不過我想，只要用心經營，就能克服競爭問題。

飾品零售的模式其實很簡單，只要單純的進貨、賣貨，好好的經營賣場，就可以賺到不錯的利潤。不過這個模式大約運作 2 個月之後，我與那對帶我入行的夫妻，因為理念有些不同，溝通後也無法取得平衡點，我只好脫離他們的批發體系，自立門戶採取自己想要的經營方式，運作起來更有彈性。

接著我大概經營了 2 年，每個月雖然可以淨賺約 15 多萬元，但是收入也達到了天花板。讓我不禁回想起小時候打工的情況，同樣也是努力到一個程度就遇到收入上限，很難再持續向上提升。究竟有沒有什麼方式，可以讓收入突破原本的天花板呢？

我就想，一定有人想跟我一樣做生意賺錢，如果將我正在做的事情複製給這樣的人，我自己就可以往上一個層級經營，除了利人，也能利己，很有機會創造雙贏。所以我開始一邊維持原本的零售模式，一邊開始打造批發的商業模式，經過半年的準備，順利讓批發的商業模式成功上軌道。

我曾看到網路上有人討論：「賺到了第 1 桶 100 萬元後，接下來要做什麼？」我的想法很簡單，看用什麼方式賺到那 100 萬元，重複做 10 次，就能變成 1,000 萬元，財富將會倍增再倍增。如果發現用同樣的方法無法讓財富倍增，代表原本賺到 100 萬元的那個方法是無法複製的，就必須再重新找方法。

重點2》拓展財源，建立多重收入

想要「變有錢」，除了想辦法提高本業收入，我也不斷嘗試尋找其他收入來源。在剛出社會時，我只領每月2萬2,377元的薪水，於是我努力兼職創造第2份收入，年收入也逐漸提高。

接著漸漸有了存款後，我開始計畫「讓錢為我工作」，不讓錢傻傻放在銀行帳戶睡覺，因此30歲後便開始更積極存錢，並且扣款買基金、股票。

雖然剛投資時花了些時間走了一段冤枉路，但也很慶幸，我並沒有繳太多學費，就找到了存股這條路。不用花太多時間盯盤、研究技術分析，只要買進好股票，就能為我每年再多創造一份收入。

其實存股1年多後，我還曾與友人合夥開餐廳，沒想到餐廳只開3個多月，就遇到2020年新冠肺炎疫情，雖然當時台灣疫情還不嚴重，但是餐廳生意多少有受到影響，再加上經營方面碰到一些問題，因此我很快決定停損，將餐廳結束營業。所幸最後拿回了 200 多萬元的本金，這筆錢也成了我 2020 年的一大筆存股資金來源。

重點3》不急著賺快錢，保持耐心慢慢致富

有個朋友曾經問我：「奇怪，你上班才沒幾年，哪來這麼多資金可以投資？」其實我也是從每個月投資 5,000 元起步，存股第 1 年也只投入幾十萬元，後來是因為工作收入大增，才有辦法投入大把資金。

話說回來，也不是所有高收入的人，都一定能比其他人更早達到財富自由的目標；要是不懂儲蓄、喜歡揮霍、使用錯誤的投資方式，那麼賺再多的錢，也不見得能夠把錢留在身邊。

自從經營臉書粉絲專頁以來，我因緣際會認識了很有實力的長期投資人，他們都比我更有錢，除了本業的主動收入，投資觀念也很務實，願意慢慢的愈來愈富有，

而不是一直心急著想賺快錢。

如果薪水不高，本金不多，該怎麼辦？那就靠時間累積。同樣要存到 1,000 萬元，有人只花不到 10 年，也有人花 20 年、30 年。

如果太晚開始，本金又不是太高，就將目標降低一些，比別人更努力增加工作收入，就算存不到 1,000 萬元，那麼 500 萬元、800 萬元也是一筆可觀的金額，生活簡樸一些，日子也還是有辦法過。要是認為自己永遠比不上別人，就自暴自棄放棄投資理財，放棄財富自由的機會，實在非常可惜。

學長期投資的人一定都知道股神巴菲特（Warren Buffett）的名言：「人生就像滾雪球，你只要找到濕的雪和夠長的坡道。」存股是一項長期的投資規畫，找到正確的投資工具，並付出足夠的時間，資產才有可能穩定茁壯。

如果你還年輕，想辦法每月投資 6,000 元，以年報酬

表1 每月投資6000元，30年可存到千萬元
——月投資6000元，各年數與年報酬率累積金額

投資年數	年報酬率			
	5%	7%	9%	11%
8	71萬元	77萬元	83萬元	90萬元
10	93萬元	103萬元	115萬元	127萬元
15	160萬元	188萬元	222萬元	262萬元
20	244萬元	306萬元	386萬元	489萬元
25	353萬元	472萬元	639萬元	872萬元
30	491萬元	706萬元	1,029萬元	**1,517萬元**

註：假設每月的月初投入資金，每月複利 1 次

率 11% 來計算，20 年可以滾出 489 萬元、30 年甚至可以滾出逾 1,500 萬元（詳見表 1）！

要是想要保守一點，即使用年報酬率 7% 計算，每月投資 6,000 元，30 年後也可望滾出 700 萬元。因此希望所有想變有錢的人，都不要輕易放棄，訂好目標，用對方法，紀律執行，只要肯踏出第一步，有開始就會有希望！

1-3 5步驟建立財富自由計畫 邁向理想生活

知名作家羅伯特・清崎撰寫的《富爸爸，窮爸爸》應該是所有學習投資理財的人必看的經典書籍，書中有一句話，讓我印象特別深刻——「富人買進資產，窮人只有支出。」

他強調，「資產」能夠產生被動收入，只要努力買進能產生收入的資產，並且讓資產所產生的收入高於支出，那麼即使少了薪資，你還是可以存活。

當資產與被動收入愈來愈多時，就會愈富有，愈有可能達到財富自由的境界。因此對我來說，「什麼都不用做，被動收入＞生活支出，就是實實在在的財富自由！」

無論幾歲、收入多少，都別放棄理財

到底要準備多少錢，才算是財富自由？擁有 3,000 萬元？擁有 1 億元？還是只需要 500 萬元？因為每個人的收入不同、生活不同、開銷不同，因此其實這沒有一定的答案。

你要的財富自由標準，跟年收入僅有你的一半但只需要養活自己的人，或年收入是你的 3 倍但需要養全家的人，所要求的財富自由標準肯定不相同，所以每個人還是必須依照自己的生活方式與需求去做規畫。我們來看看以下這 2 種狀況：

1.收入低，但被動收入高於生活支出

◎主動收入：每月 3 萬元

◎被動收入：每月 3 萬元

◎生活支出：每月 1 萬元

分析：看到生活支出每個月只有 1 萬元，也許有人會覺得這個傢伙真是沒用，一定是繼承家裡的房子、不用養家、不用給孝親費、沒有生小孩，大概也沒朋友吧？但是這如果是他自己選擇的生活方式，就算被動收入不高，卻能夠支應生活支出，那麼又何嘗不是一種財富自由呢？

2.收入高，但入不敷出

◎主動收入：每月 6 萬元

◎被動收入：每月 3 萬元

◎生活支出：每月 10 萬元

分析：雖然主動收入加上被動收入共有 9 萬元，已經超越了很多上班族的月薪，在外人的眼裡看來，可能覺得賺很多錢；但若是賺得多也花得多，日子過得入不敷出，也很難真的過上比較輕鬆的日子，自然稱不上是財富自由了。

財富自由並沒有標準數字，所以千萬不要認為這輩子一定要拚命存到幾千萬元，就因此覺得自己做不到而放棄努力。

而且即使達成財富自由，也不代表就不用繼續工作，我認識滿多朋友已經財富自由，卻依然樂於工作；對他們來說，工作的意義不再僅僅是為了求溫飽、付帳單，而是可以滿足個人的成就感，或是對社會有所貢獻。財富自由只是成為一種保障，保障他們就算哪天因家庭或身體因素而無法繼續工作，也不必擔心沒錢吃飯或流離失所。

因此，不論幾歲，不論現在賺多少錢，請不要輕易放棄嘗試達成財富自由。如果你還沒有開始理財，不知道該怎麼做，建議參考以下 5 步驟，為自己建立財富自由計畫：

步驟1》了解自己目前的收入

1. 年度工資收入（從工作獲得的主動收入）：
_____________ 元。
2. 年度被動收入（例如投資獲得的配息收入）：
_____________ 元。
3. 年度斜槓收入（例如兼差打工的主動收入）：
_____________ 元。

➡ 年度收入總計：_____________ 元。

➡ 換算成每月收入：_____________ 元。

步驟2》估算理想生活所需的支出

1. 年度固定基本支出：____________ 元。

換算成每月固定基本支出：____________ 元。

2. 年度不固定支出：____________ 元。

➡ 年度支出總計：____________ 元。

固定基本支出指維持生活所需的常態性支出，如：水電瓦斯、飲食、通勤、保險等費用，假設每年大約 12 萬元，換算每月大約 1 萬元。

不固定支出金額則是指非常態性的花費，包括更換家電、國內外旅遊、醫療費用等開銷。

生活支出會隨著人生階段有所不同，此處只需先簡單估算你理想中的生活需要多少支出即可。

步驟3》設定年度被動收入目標

年度被動收入目標：____________ 元。

換算成每月被動收入目標：＿＿＿＿＿＿ 元。

被動收入高於生活支出就是一種財富自由狀態，若想過得寬裕一些，可以把被動收入目標拉高。例如：年度支出總計為40萬元，年度被動收入目標可訂為60萬元。

步驟4》推估資產目標

資產目標
＝年度被動收入目標 ÷ 年報酬率
＝ ＿＿＿＿＿＿ 元 ÷ ＿＿＿＿＿＿ %
＝ ＿＿＿＿＿＿ 元。

假設年度被動收入目標為 60 萬元，且預估每年資產能產生 6% 現金流，只要將 60 萬元除以 6%，就能算出需要的資產目標為 1,000 萬元。

步驟5》計算達成資產目標的時間

列出以下數字：

1. 資產目標：＿＿＿＿＿＿＿元。

2. 目前可用於投資的閒錢：＿＿＿＿＿＿＿元。

3. 未來每月可投資的資金：＿＿＿＿＿＿＿元。

4. 預估的年投資報酬率：＿＿＿＿＿＿＿%。

將這些數字填入試算表（詳見延伸學習），就可算出你大約幾年後能累積到資產目標金額。

例如：

1. 資產目標：1,000 萬元。

2. 目前可用於投資的閒錢：80 萬元。

3. 未來每月可投資的資金：6,000 元。

4. 預估的年投資報酬率：6%。

計算後可以得知，按照上述條件，大約 29.3 年後可以存到設定的資產目標 1,000 萬元。若是想要縮短時間，就必須提高可投資金額，例如控制一些不必要的開銷，少買幾件衣服或少喝幾杯飲料等等，讓每月投資金額提高到 8,000 元，便能把存到千萬元的時間縮短成 26.8 年。

如果你搞不清楚自己每月花了多少錢，那就先從記帳開始，大約幾個月之後就能掌握自己平常把錢花在哪些地方，對於控制開銷會有很大的幫助。接下來，學習正確的投資方法，盡你所能買進能生錢的資產，努力走向「被動收入＞生活支出」的財富自由境界。

延伸學習　如何計算達成資產目標的時間？

掃描右下角的 QR Code，或輸入網址「https://lihi2.cc/5WiRv」，於「計算達成資產目標的時間」試算表中分別填入資產目標、目前可用於投資的閒錢、未來每月可投資的資金、預估的年投資報酬率，即可快速算出累積到資產目標金額所需的時間。

	A	B	C	D	E	F
1						
2		計算達成資產目標的時間				
3						
4		1.資產目標	10,000,000		需自行輸入	
5		2.目前可用於投資的閒錢	800,000		需自行輸入	
6		3.未來每月可投資的資金	6,000		需自行輸入	
7		4.預估的年投資報酬率	6%		需自行輸入	
8		**達成資產目標的時間共需**	**351.6**	**月**	計算結果將自動顯示	
9		**換算為年數**	**29.3**	**年**	計算結果將自動顯示	

Chapter 2
創造被動收入

2-1 重複買進、持有、領息 就能安穩養大資產

很多人在剛開始投資的時候，第 1 張股票大概都是因為聽明牌買進的，例如聽到類似這樣的消息：「〇〇公司接獲大筆訂單，股價可望漲到〇〇元」，或是聽到親朋好友說：「我朋友的兒子在〇〇公司，他們公司去年賺很多錢！現在的股價很便宜。」「我的〇〇買 3 天已經賺 20%，今天下跌但沒有破線，還有機會繼續漲……。」

在股市裡，這種故事其實每天都在上演！很多人買股票賠錢，大部分都是跟風、跟買，沒有主見的類型。買入的時候都充滿幻想與期待，等到帳面賠錢了，就把責任推到別人身上，認為是報明牌的人害他賠錢。

從我自己的經驗還有我所聽到的故事來看，買明牌大概就跟買樂透、猜運動彩券結果一樣，十賭九輸，會贏全憑運氣，而運氣偏偏是一種沒辦法複製的賺錢方法。

在能複製的賺錢方法中，「存股」應該是最簡單易學的，不管是好股票或 ETF，它們都是能為我們產生被動收入的資產，是可以下金蛋的金雞母；我們不用盯盤，不用忙著買賣，要做的就只有重複買進、持有、領息這 3 個流程，每年讓股息自己流進來！

有的金雞母很會下蛋，所以在市場上的價格水漲船高，不想要慢慢等下蛋的人，就會選擇把漲價的金雞母賣掉快速賺一筆錢，也就是所謂的買賣股票賺價差。

而存股只要重複 3 流程，就能安穩養大資產：

流程1》買進

選好能夠每年下金蛋的金雞母，年年持續買入。

流程2》持有

安心等著金雞母準備下金蛋。

流程3》領息

①累積資產時期：金雞母下金蛋後，再拿去買更多小

金雞母，繼續等小金雞母下金蛋，讓金蛋愈生愈多！

②退休時期：退休後沒有工作收入了，就能用金蛋支應生活開銷。

投資股票，可用股東身分參與公司經營成果

至於為什麼要選擇買公司的股票，而不是存銀行定存、買黃金呢？因為銀行定存利率長期低於通貨膨脹率；黃金則由於沒有生產力，長期報酬恐低於股市；但是公司能夠透過生產商品、服務，讓人們過上更加便利的生活，促進國家、世界的經濟成長並創造財富，若能持有這些具有生產力的公司股票，就可以分享它們的經營和成長成果。

觀察富豪榜上的有錢人，可以發現他們幾乎都是靠著成功經營企業，而擁有普通人望塵莫及的身家。像是在美國知名雜誌《富比世》（Forbes）公布的 2022 年世界富豪榜（The World's Billionaires）前 10 名當中，除了巴菲特（Warren Buffett）是透過優異的投資功力致富，

其他億萬富豪都是經營企業有成的實業家，包括首富伊隆．馬斯克（Elon Musk）是電動車大廠特斯拉（Tesla）創辦人、傑夫．貝佐斯（Jeff Bezos）創辦了電子商務巨頭亞馬遜（Amazon）、比爾．蓋茲（Bill Gates）創辦了壟斷全球作業系統市場的微軟（Microsoft）公司等等（詳見表 1）。

企業家們也因為擁有可觀的持股，每年更能為他們帶進可觀的股息進帳。就以台灣人比較熟悉的鴻海（2317）創辦人郭台銘先生來說，他可是台灣知名的現金股利大戶。根據《經濟日報》報導，郭台銘 2022 年就可以領到高達新台幣約 91 億元的現金股利，這相當於 1 萬名年薪 91 萬元上班族的年薪！另外，長榮（2603）集團董事張國華先生的現金股利也高達 57 億元、聯發科（2454）董事長蔡明介先生也有約 30 億元的現金股利⋯⋯。

不只是企業家，以手握大筆現金的壽險公司來說，它們必須用手上的錢去賺更多錢，但又不能做高風險的投資，所以它們也會用長期思維去投資股票，每年領到的股息更是可觀。

根據《工商時報》報導，富邦人壽和國泰人壽 2022 年約可領到 200 多億元的現金股利，而 6 大壽險公司共計可以領到 900 多億元的現金股利（6 大壽險公司包含：國泰人壽、富邦人壽、南山人壽、新光人壽、中國人壽、台灣人壽）。

我們可能無法成為成功創業的企業家，也不一定能到嚮往的大公司任職，但是用投資人、股東的身分，透過持有股票的方式去參與公司經營成果，是我們這些普通人可以輕易做到的事。

存股除了要長期持有，還須了解4重點

買進一家公司的股票，等於擁有這家公司的部分股權，當公司賺錢，我們不僅能夠獲得股利，所持有的股票價值也會隨著公司的成長而上漲；因此存股的首要心態就是「長期持有」，要避免像賭徒一樣沉迷在買進賣出的交易遊戲裡。

表1 世界富豪榜多為知名大企業家
——《富比世》2022年世界富豪榜

排名	姓名	身分
1	伊隆・馬斯克（Elon Musk）	特斯拉（Tesla）、太空探索技術公司（SpaceX）創辦人
2	傑夫・貝佐斯（Jeff Bezos）	亞馬遜（Amazon）創辦人
3	貝爾納・阿爾諾及其家族（Bernard Arnault & family）	路威酩軒集團（LVMH）執行長
4	比爾・蓋茲（Bill Gates）	微軟（Microsoft）創辦人
5	華倫・巴菲特（Warren Buffett）	波克夏・海瑟威（Berkshire Hathaway）董事長
6	賴利・佩吉（Larry Page）	Google共同創辦人
7	謝爾蓋・布林（Sergey Brin）	Google共同創辦人
8	賴瑞・埃里森（Larry Ellison）	甲骨文（Oracle）董事長及共同創辦人
9	史蒂夫・巴爾默（Steve Ballmer）	微軟（Microsoft）前任執行長
10	穆克什・安巴尼（Mukesh Ambani）	信實工業（Reliance Industries）集團董事長

資料來源：《富比世》第 36 期「全球億萬富翁」排行榜

不過，長期投資説來簡單，但還是要了解幾個重點：

重點1》要有承受股價波動的準備

雖然存股是用當股東的心態，長期持有領股息；但因股票是在公開市場上交易，既然有人買賣，再怎麼穩定的股票也會出現價格的變動。因此在長期持有股票的過程中，就得忍受這些股價波動，這是存股必須要有的心理準備。

例如我的主要持股合庫金（5880），近 10 年的股價有很長一段時間在 15 元～ 20 元之間，但在 2015 年也曾跌破 15 元，2022 年還曾經漲到近 30 元（詳見圖 1）。如果你在 2012 年用 19 元買進，2015 年就會面臨股價下跌超過 20% 的煎熬，若是在下跌期間承受不了下跌而中斷存股，就無法獲得後續股價上漲的好處，也拿不到這段期間的配股配息。

重點2》高獲利與低風險不可兼得

風險與收益是一體兩面，像是銀行存款利率普遍很低，查詢臺灣銀行 2022 年 11 月 30 日的掛牌利率，1 年期固定利率只有 1.35%，這是因為把錢放在銀行相對安全，能享有政府「存款保險」的保障（詳見名詞解釋）。

當我們想要獲得更多獲利，就得承擔較高的風險，例

圖1 合庫金近10年股價多在15元到30元間

合庫金（5880）月線圖

註：資料時間為 2011.12.01 ~ 2022.12.15　　資料來源：XQ 全球贏家

如存股的風險一定會比銀行定存的風險更高，所以股東才有可能拿到高於銀行定存的獲利（詳見表 2）。

以我存合庫金來說，合庫金是公股金控，政府的財政部是它的大股東，雖然風險稍微高於銀行定存，但是在各類型股票當中，仍屬於相對低風險的投資，讓我可以長時間的安心持有，不用煩惱太多。我接受它相對穩定的殖利率，以及長期約 10% 的年報酬率，所以也不會出現股價能每年上漲 20%、30% 的錯誤期待。

那麼，有沒有高獲利卻低風險的投資呢？還真的沒有，天底下沒有這麼好康的事情，如果看到有投資商品標榜用很低的風險可以賺到很高的獲利，那肯定是騙局或陷阱。這幾年相關的詐騙新聞層出不窮，無非就是引誘受害者拿出一筆錢，剛開始每月付給你超高利息，但在幾個月之後就人間蒸發，讓受害者血本無歸。

重點3》股價上漲時別急著賣股賺價差

「投機」的結果，一定是少數人賺錢、多數人虧錢；「投資」的結果，則是多數人賺錢。在長期投資的過程中，很多人原本是買來要領股息的，但是當遇到多頭時期，股價不斷上升，許多人深怕自己沒有賺到價差，就會受

名詞解釋 存款保險

存款保險是金融機構向中央存款保險股份有限公司投保的政策性保險，從 2000 年 1 月 1 日開始實行，一旦金融機構停業，存款人存在該金融機構的錢，可獲得最高保額 300 萬元內的保障。

表2 投資股票的風險高於銀行定存

——不同投資工具之比較

投資工具	優點	缺點
銀行定存	風險低，台灣金融機構的存戶可享有政府提供每家300萬元的存款保障。如有資金需求，可快速解約，不會損失本金	通常是所有投資標的當中報酬率最低的，且長期低於通貨膨脹率。若完全將資金投入定存，長期購買力將追不上物價上漲
股票	持有股票等於擁有公司股權，可參與公司經營成果，獲得股利並有機會賺到股價上漲價差。買賣容易、流動性高	風險高於銀行定存。若公司經營不善或受大環境影響，可能發不出股利，股價也可能下跌導致投資人拿不回原始本金
主動式基金	有基金經理人操盤，基金報酬率有可能高於大盤的報酬率	需支付相對高的管理費，且若基金經理人操作不佳，投資人可能拿不回原始本金
指數型基金、ETF	可獲得貼近指數的報酬率，管理費較主動式基金低	若挑錯標的，可能無法獲得理想報酬率
黃金	黃金是稀有金屬，被認為長期有保值效果	黃金沒有生產力，長期報酬率恐低於股市
房地產	以投資目的而言，長期有保值效果。若挑對地段，可收取長期租金收益及具有增值機會	資金門檻高，且須付出心力維護；短期買賣則須支付高昂稅金，且流動性低於其他投資標的
虛擬幣	潛在獲利可能高於其他投資標的	風險極高，波動性大；若流動性不佳或交易所倒閉，則會血本無歸

不了誘惑而賣出，陷入投機的陷阱。

掌握股價漲跌的契機，存股與價差兩頭賺，是許多人嚮往的投資方式；但是大多數人很難做得到，當賣出上漲的股票後，反而有可能面臨用更高的價格買回來，或是股價一直未跌回先前的價位而遲遲沒有買回的局面。特別是剛開始存股的新手，更要當心這個問題，要是動不動就被價差迷惑而頻繁買賣，終究還是存不了股。

重點4》需要足夠的時間與耐心

如果沒有足夠的時間和正確的方向，是很難達成目標的，因此在開始存股前，可以按照自己的條件與需求，計畫好未來預計存到多少錢，並估算達標的時間。

如果算出來要 30 年才能達到目標，卻覺得太慢而興趣缺缺，一直不願意開始行動，那要花費的時間只會愈來愈長。

每個存股投資人都是從 1 張 1 張，甚至 1 股 1 股開始慢慢累積的，就算你現在只能每月投入 6,000 元、

8,000 元，但一旦你有了目標，或許就有辦法透過增加收入或降低日常開銷，逐漸增加每月的可投資金額，這樣就能有效的縮短達成目標的時間。只要心態對、願意行動，遲早有一天能夠達成你要的成果。

2-2 3條件挑核心持股 才能長期存、安心抱

認真存股4年多以來，雖然我的持股組合有經過一些變化，但是合庫金（5880）卻是我唯一沒有動過的核心持股。

核心持股就是主要養的金雞母，股價最好相對穩定，並且能夠帶來穩定現金股利；另外我也會配置「衛星持股」，占整體持股比重較低，除了要穩定配息，最好還能有不錯的成長性（詳見2-6、2-7）。

我發現剛開始存股時，若能先選好1檔能夠讓人安心的核心持股，會讓存股之路更順利，但台灣的上市櫃公司有上千家，應該要怎麼選？如果對於股票還不是很熟悉，擔心學不會難懂的投資專有名詞，有沒有什麼比較省力的方式能運用，讓自己更快找到值得長期存、安心抱的股票？就我來說，會希望存股標的能符合以下3個條件：

條件1》產業穩健具發展性

台灣有各種發展得很好的產業，像是科技業、傳統工業、民生必需型產業、金融業等等，投資人也可以從各大產業裡找到不錯的投資標的。我們不會希望自己投資的產業有一天沒落，所以當然要選擇穩定、有發展性的產業來投資。

金融產業就是一個相對穩定的產業，其中如銀行業，是民間與企業取得資金及資金流通的重要管道，也是政府的特許事業。我想從這個產業裡尋找存股標的，會是一個理想的方向。

銀行業主要賺的是利息收益，也就是吸收人民的存款，再放款給企業或個人，例如企業貸款、土地貸款、個人房貸、車貸、信用卡等。自從 2008 年金融海嘯之後，近 10 多年來，台灣都處在低利率的環境，利差跟以前相比低了許多；再加上 2020 年新冠肺炎疫情，政府為了救經濟而大降息，讓利差也降到歷史新低（詳見圖 1）。不過隨著疫後經濟逐漸好轉，政府也開始緩慢升息，可以看到存放款利差有所提升，銀行股的利息收益也有明顯的上揚。

若是將金融產業按照業務內容區分，除了有主要的銀行業，另外還有保險業、證券業、期貨業等。而在台股當中，自然也有相對應的股票，如純銀行股、證券股、期貨股等。

不過大家比較耳熟能詳、規模也較大的是「金融控股公司」（以下簡稱「金控」），不直接經營金融業務，而是以持有股權的方式，控有銀行、證券、壽險、產險、期貨、投資信託、創投等子公司。

到 2022 年 11 月底為止，台股共有 14 家上市金控，雖然這些金控公司旗下有多種金融事業體，但還是有比較偏重的業務主體，像是有政府當大股東的「泛公股」金控，包括合庫金、兆豐金（2886）、第一金（2892）、華南金（2880）等；民營金控的中信金（2891）、玉山金（2884）、台新金（2887）等。由於以上金控公司都是以銀行業為主體，因此也被稱為「銀行型金控」

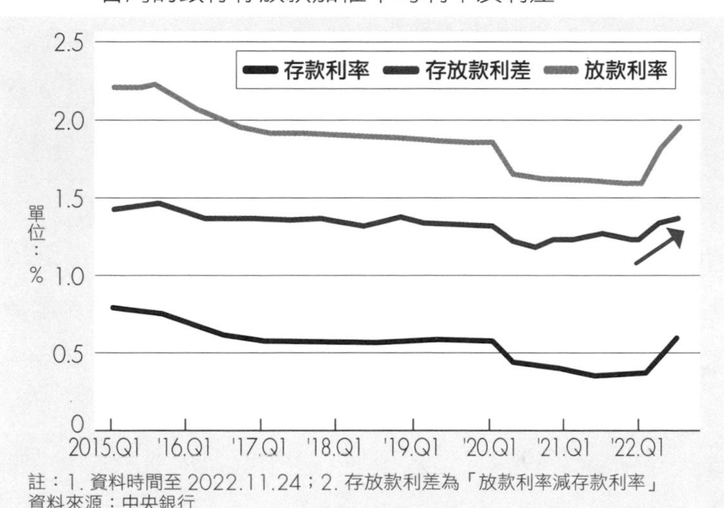

註：1. 資料時間至 2022.11.24；2. 存放款利差為「放款利率減存款利率」
資料來源：中央銀行

（詳見表 1）。

也有金控是以壽險業為主體，像是富邦金（2881）、國泰金（2882）等，被稱為「壽險型金控」。以我另一檔持股富邦金來說，就是以富邦人壽為主體，同時控有台北富邦銀行、富邦產險、富邦證券等。壽險業賺的是保單收入，以及運用保費所投資的收入（包括投資股票領股息、購置房地產賺租金收入等）。

金控規模大，擁有高資產、高市值，14 家金控中除了新光金（2888）和國票金（2889）之外，共有 12 檔都在台股市值排行前 50 名內（截至 2022 年 11 月底）。

由於旗下有多個事業體，當金控旗下其中一個事業體出事時，也會影響金控股的整體表現，例如 2022 年多家金控旗下保險公司由於理賠大量防疫險保單，以及持有海外債券因升息而價格下跌，導致金控的獲利和淨值都大受衝擊。另外，投資人應該記得在 2020 年時，華南金旗下的證券公司因為操作不慎，權證交易來不及避險，產生 30 多億元虧損，也使華南金當年獲利和股利明顯下滑。

但是若從長遠來看，金控因為有集團資源互相支援整合，就算一時受衝擊，也不用擔心公司倒閉，仍然是讓人敢放心存股的重要誘因。像是剛剛提到的華南金，就算經歷 2020 年獲利衰退，但到了 2021 年不僅恢復正常，還隨著金融股景氣大好而出現獲利成長。

表1 台灣14家金控多以銀行業為主要業務
——台灣金控公司主要業務類型

主要業務類型		金控公司（股號）
銀行業	泛公股性質	合庫金（5880）、兆豐金（2886）、第一金（2892）、華南金（2880）
	民營性質	中信金（2891）、玉山金（2884）、台新金（2887）、永豐金（2890）
保險業	富邦金（2881）、國泰金（2882）、開發金（2883）新光金（2888）	
證券業	元大金（2885）	
票券業	國票金（2889）	

資料來源：台灣證券交易所

因此，就算 2022 年金融業景氣不佳，2023 年宣布發放的股利也可能變少，我還是會選擇繼續存股，等待景氣好轉的日子到來。

條件2》公司至少連續10年獲利

在挑選個股時，一定要了解公司過去的歷史表現，如果獲利時好時壞，業績不穩定，就要先將之排除在外。

有些積極的投資人專門買成長股或轉機股，這類公司可能是開創了新興的商業模式，或是經營有轉機，使得獲利和股價有大爆發的機會，這種股票大家都喜歡，我當然也不例外。只不過要是成長股停止成長或是轉機題材結束，獲利和股價也都會暴跌，對於工作忙碌、沒時間花太多心思研究成長股的人來說，並不容易掌握，成功獲利的方法也較難複製，所以我不會優先把這類股票納入核心持股。

既然核心持股是金雞母，當然會希望每年下金蛋的產量不要差異太大，寧可每年穩定下個 2 顆～ 3 顆金蛋，也不要今年下了 8 顆金蛋，但是接下來 5 年只下 1 顆蛋或甚至不下蛋。

我希望我的核心持股營運穩定，有辦法創造穩健的營收、獲利，至少連續 10 年都有賺錢，且最好能有龐大的營收和獲利規模，體質強健，才不容易因為景氣不佳或激烈競爭而倒閉。而有政府撐腰、有政策保護的大型金控股，當然符合這樣的條件。

另外，在選存股的公司時，也要注意它的獲利有沒有嚴重衰退或比同業表現更差的狀況，如果是所有同業表現也一起衰退，代表是大環境使然，不用太過擔心；但如果其他同業都成長，唯獨你選擇投資的公司表現特別差，且是連續 2 年～ 3 年都比別人差，就代表它是班上成績比較不好的學生，需要特別小心，必須重新判斷它是不是值得你長期投資的公司。

條件3》股利配發穩定

既然是存股領股利，那麼公司的配股配息也要符合 2 個重點：

①連續10年配發股利

事業穩定經營的公司，會把賺來的錢分配給股東，讓股東一同分享獲利成果。既然我希望所投資的公司要能連續 10 年獲利，那麼也要連續 10 年都有能力發出股利才行。

股利分為「現金股利」和「股票股利」，現金股利又稱為股息，也就是會用現金的方式發給你；股票股利則會將股票匯到你的證券戶。觀察現在大部分的公司都是以配發現金股利為主，不過有多家金控股仍是採取「現金股利＋股票股利」的方式配發，最終還是依公司的股利政策而定。

②盈餘分配率穩定

盈餘分配率指的是「每股股利占每股盈餘（EPS）」的比率。例如一家公司的年度每股盈餘是 2 元，一共配發 1.8 元的股利，那麼盈餘分配率就是 90%，算法如下：

盈餘分配率
＝每股股利 1.8 元 ÷ 每股盈餘 2 元 ×100%
＝ 90%

如果一家公司的營運是很穩定的，每年的每股盈餘不會相差太多、股利也不會差異太大。如果有一年賺得比以往多，在盈餘分配率也很穩定的狀況下，股利將會跟著提升；反之，則會下降。

觀察台灣 14 檔金控股，除了新光金之外，其他 13 檔從 2012 年到 2021 年都有連續 10 年配發股利的紀錄。

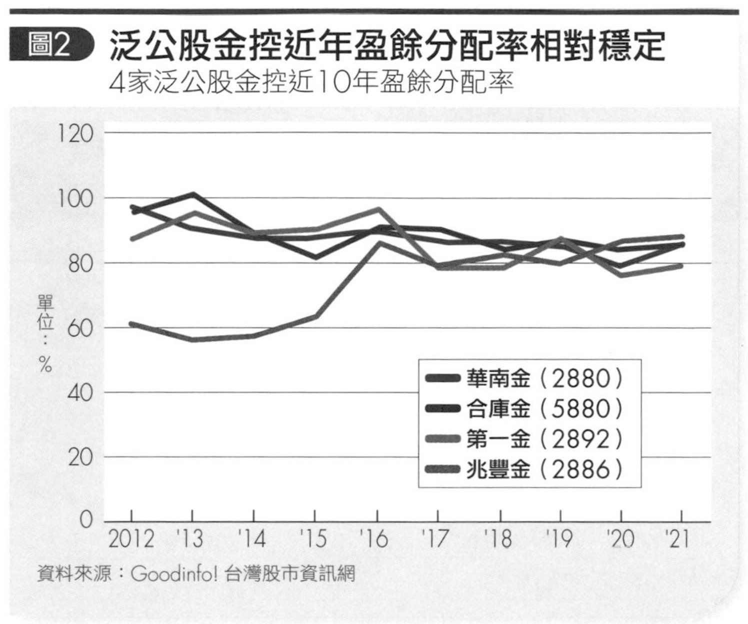

以圖 2 中的 4 家泛公股金控來看，從 2016 年到 2021 年的盈餘分配率多穩定在 80% ～ 90% 之間，可以知道它們賺來的錢大部分都配給了股東。

而在金控股當中比較特別的是開發金（2883），其歷年的盈餘分配率並不穩定，像是 2012 年的 EPS 是 0.54 元，卻僅配發 0.18 元的股利，盈餘分配率只有 33%；

表2 開發金盈餘分配率起伏較大
——開發金（2883）盈餘分配率

股利所屬年度	現金股利（元）	股票股利合計（元）	股利合計（元）	EPS（元）	盈餘分配率（%）
2012	0.18	0	0.18	0.54	33
2013	0.40	0	0.40	0.56	71
2014	0.60	0	0.60	0.72	83
2015	0.50	0	0.50	0.58	86
2016	0.50	0	0.50	0.40	125
2017	0.60	0	0.60	0.80	75
2018	0.30	0	0.30	0.54	56
2019	0.60	0	0.60	0.88	68
2020	0.55	0	0.55	0.87	63
2021	1.00	0	1.00	2.34	43

資料來源：公開資訊觀測站

2014 年和 2015 年的盈餘分配率則達到 80% 以上；2016 年更出現股利高於 EPS 的狀況，也就是盈餘分配率超過 100%；但到了 2018 年度卻又降到 55.6%。股利配發狀況上下起伏，不太穩定（詳見表 2）。

雖然 2021 年起，開發金因為收購中國人壽，往後將能夠認列中國人壽的獲利，股利跟往年相比也明顯提升，但盈餘配發率還是只有 43%；也雖然據我所知，投資開發金的股東並不少，但是為求穩定，我暫時不太會考慮將其作為核心存股的首要選項。

2-3 打造優質核心持股 首選金控＋泛公股

台灣雖然有數百家金融機構，但並不是所有機構都有發行股票。我們能在股市買到的上市櫃金融股有 42 檔，其中比較常被存股族討論的還是規模較大、股價普遍親民的 14 家金控股。

台灣在 2001 年 11 月施行「金融控股公司法」之後，2001 年～ 2011 年之間，陸續有金控公司成立，以持有股權的方式整合旗下的金融事業。最早於 2001 年 12 月成立並上市的，分別有華南金（2880）、富邦金（2881）、國泰金（2882）、開發金（2883）等；最晚的則是 2011 年 12 月成立並上市的合庫金（5880）。

在 11 年間，台灣共成立了 16 家金控，有上市交易的有 15 家（沒有上市的是國營的台灣金融控股公司，股權由財政部 100% 持有）。

這些金控公司成立以後，也曾經歷旗下公司的合併與更名，例如 2002 年由交通銀行和國際綜合證券合組成立交銀金控，同年又併入中國國際商業銀行以及票券、證券、產險公司，最後更名為如今我們熟知的兆豐金（2886）；2002 年成立的建華金控也是由銀行、證券公司組成，並於 2006 年更名為如今我們知道的永豐金（2890）。

到了 2022 年，金控界出現了第一起「金金併」，由富邦金合併日盛金，投資人可在集中市場買到的金控股也減少為 14 檔。

雖然 2022 年金控股獲利受環境影響而大幅下滑，但是觀察股東人數排名，金控股的股東人數跟 2021 年相比，竟呈現近 17% 的成長。統計至 2022 年 12 月 16 日，台股 14 檔金控股的股東人數合計共有近 655 萬名，比起 2021 年年底股東人數約 560 萬名（不含已被合併的日盛金股東約 7 萬名），多出約 95 萬名股東。

而這 14 檔金控股的股東人數，也高居台股股東人數排行榜前 39 名內（詳見表 1）。其中，股東人數最多的金控股為開發金，接下來依序是玉山金（2884）、中信金（2891）、兆豐金、國泰金等。

在我認識的存股族當中，大家各有所好，各自的選股風格也都不太一樣，其實並沒有絕對的好壞與對錯，像是我喜歡穩定，也希望可以安安穩穩的長期持有，所以在挑第 1 檔核心存股的金雞母時，是優先從「金控＋泛公股」性質去挑選標的。

優點》有政府大股東撐腰加強存股信心

什麼是泛公股？其實我們常常可以在財經報導上，看到有所謂的「8 大公股行庫」名詞，指的就是有政府出資的行庫。

8 大公股行庫包括 100% 國營的臺灣銀行、土地銀行；政府為持股 50% 以下的大股東，但具有控制權的 4 家泛公股金控：華南金、兆豐金、第一金（2892）、合庫金；另外還有 2 家純銀行的彰銀（2801）、臺企銀

表1 **14檔金控股股東人數皆位居台股前39名**
——金控股股東人數排名

金控股股東人數排名	台股股東人數排名	公司	股號	2022.12.16股價（元）	股東人數（人）
1	5	開發金	2883	12.50	85萬6,609
2	10	玉山金	2884	24.00	58萬2,484
3	11	中信金	2891	21.90	55萬7,398
4	12	兆豐金	2886	30.65	49萬4,149
5	13	國泰金	2882	40.15	48萬979
6	15	第一金	2892	26.30	46萬7,064
7	17	台新金	2887	15.00	46萬5,122
8	18	新光金	2888	8.74	44萬8,618
9	19	元大金	2885	21.80	43萬5,786
10	20	富邦金	2881	56.20	41萬216
11	21	合庫金	5880	25.95	40萬1,650
12	22	華南金	2880	22.80	38萬9,926
13	29	永豐金	2890	16.60	32萬3,141
14	39	國票金	2889	11.25	23萬5,187

註：資料時間為 2022.12.16　　資料來源：台灣集中保管結算所

（2834）。

根據 4 家泛公股金控的 2022 年股東會年報，政府機構持股占比為 14% ～ 28% 不等，財政部為兆豐金、第一金、合庫金的最大股東，而 100% 國營的臺灣銀行則是華南金的最大股東（詳見表 2）。

這些泛公股金控的董事長由政府指派，會遵循政府政策，每年發出的股利也是政府的重要收入來源，因此投資這些金控的股票，形同背後有政府的撐腰，若是在大環境動盪時受到衝擊，泛公股金控身為政府財庫，政府自然不可能袖手旁觀。認知到有政府大股東跟自己站在同一陣線，持股過程中會更有信心，更能繼續堅持存股。

缺點》獲利能力普遍不如民營金控資優生

投資泛公股金控也不是完全沒有缺點，像是過去幾年，如果看到有什麼聯貸案、海外投資踩雷事件，泛公股金控旗下的銀行都經常榜上有名。

像是 2022 年發生的歐洲療養院集團歐葆庭（Orpea S.A.）債務重整，6 家行庫包括臺灣銀行、合作金庫銀行、第一銀行、兆豐銀行、華南銀行、彰化銀行都有在歐洲設點，也都有參與聯貸案，貸款餘額將近新台幣 46

表2 財政部、臺灣銀行是泛公股金控大股東
——4家泛公股金控的政府機構持股比重

公司	股號	政府機構持股比重（%）	最大股東
華南金	2880	28.28	臺灣銀行
合庫金	5880	26.06	財政部
兆豐金	2886	19.64	財政部
第一金	2892	14.49	財政部

資料來源：各公司 2022 年股東會年報

億元，要是這些錢真的收不回來，必定會影響獲利。

再比較金控股的股東權益報酬率（ROE），也就是公司運用股東資金賺錢的能力，4 家泛公股金控的 ROE 表現雖然不算最差，但明顯比不上幾家民營金控的優等生，如富邦金、中信金、玉山金、國泰金等（詳見表 3）。對於想要投資具有出色獲利能力公司的投資人來說，可能會不甚滿意。

因此，比起股價相對活潑的民營金控，泛公股金控的表現就相對平穩。不過天底下本就很難有兩全其美的事，

表3 泛公股金控近5年ROE大多表現平平

公司	股號	2021年（%）	2020年（%）
富邦金	2881	16.73	13.03
中信金	2891	12.59	10.90
玉山金	2884	10.95	10.17
國泰金	2882	15.49	9.01
元大金	2885	13.22	9.92
台新金	2887	10.57	7.94
兆豐金	**2886**	**7.86**	**7.69**
第一金	**2892**	**8.86**	**7.62**
國票金	2889	10.60	9.05
永豐金	2890	10.17	8.05
新光金	2888	9.00	6.03
合庫金	**5880**	**8.83**	**7.38**
華南金	**2880**	**8.82**	**4.58**

資料來源：XQ 全球贏家

如果拿不定主意，那就泛公股、民營 2 種金控股都投資。

像是我的第 1 檔核心持股就以合庫金為主，我接受它的優缺點，也希望能每年穩穩領到股利；但我接下來要存的第 2 檔核心持股就是民營金控富邦金，雖然它的股

──14檔金控股近5年ROE表現

2019年（%）	2018年（%）	2017年（%）	近5年平均（%）
10.95	9.97	11.80	12.50
12.32	11.33	12.34	11.90
12.07	11.05	10.54	10.96
9.74	9.11	9.96	10.66
9.09	8.82	7.97	9.80
8.19	7.84	8.59	8.63
9.07	**9.18**	**8.72**	**8.50**
9.11	**8.72**	**8.04**	**8.47**
7.92	5.98	7.17	8.14
8.60	6.73	6.68	8.05
10.40	6.97	7.70	8.02
8.02	**7.66**	**7.28**	**7.83**
8.79	**8.64**	**7.43**	**7.65**

價波動比合庫金大了些，且因為壽險事業的因素使得盈餘分配率偏低，但我也願意接受。

合庫金和富邦金這 2 檔股票的共同點是公司夠大、皆為台灣資產規模前 10 大的集團，它們旗下的合作金庫銀行、台北富邦銀行也都是大到不能倒的銀行之一。雖然持有這 2 檔股票，同樣得承受股價的日常波動，但我不必擔心公司的前途，並且敢持有愈來愈多張數，更重要的是能夠放心長期存，不會因為缺乏信心而中斷存股之路。

2-4 合庫金》第1檔核心持股 6理由優先鎖定集中存

4檔泛公股金控——華南金（2880）、兆豐金（2886）、第一金（2892）、合庫金（5880）都符合連續10年獲利，以及配發股利、盈餘分配率穩定等條件，且都有政府當大股東，若是不想再花心力挑選的投資人，同時持有這4檔股票也是不錯的選項。但因我只想先選1檔來認真存，所以僅集中存合庫金，會這樣做有6個理由：

理由1》財政部持股占比最高

財政部都是這4檔泛公股金控的大股東，但在合庫金的持股比重最高，達26.06%。

理由2》資產規模為全台前3大

遇到氣候不佳、狂風暴雨來襲時，規模愈大的建築物愈能夠抵抗災害；類似的道理，當公司的資產規模愈高，代表公司擁有的資源也愈多，能夠承擔風險的能力也比較好，因此資產規模愈高的公司愈讓我喜歡。

從國內銀行的資產規模來看，國營的臺灣銀行持續高居所有銀行之冠；而近幾年來，排行第 2 名或第 3 名的則是合庫金旗下的合作金庫銀行，以及民營的中國信託銀行。根據金管會銀行局公布的 2022 年第 3 季基本金融資料，臺灣銀行的資產約為 5.96 兆元、中國信託銀行約有 4.57 兆元、合作金庫銀行的資產則約有 4.24 兆元（詳見表 1）。

而根據 CRIF 中華徵信所的調查，2021 年全台灣資產規模最大的百大集團當中，除了第 4 名的臺灣金控，也有 2 家泛公股金控入列，分別是第 8 名的合庫金及第 9 名兆豐金。

理由3》分行數量最多

這一點純粹是出自於我的個人喜好，合作金庫銀行是

表1 合作金庫銀行資產規模名列前茅
——資產前10大國內銀行排名

排名	銀行	資產總額（新台幣兆元）	存款餘額（新台幣兆元）	放款餘額（新台幣兆元）
1	臺灣銀行	5.96	4.55	3.41
2	中國信託銀行	4.57	3.76	2.44
3	合作金庫銀行	4.24	3.63	2.60
4	兆豐銀行	3.95	2.88	2.14
5	第一銀行	3.88	3.11	2.27
6	國泰世華銀行	3.72	3.09	1.95
7	華南銀行	3.56	2.93	2.04
8	土地銀行	3.40	2.94	2.30
9	玉山銀行	3.40	2.83	1.88
10	台北富邦銀行	3.39	2.69	1.72

註：1. 土地銀行資產總額實際上略高於玉山銀行，因本表四捨五入至兆元，因此顯示為相同金額；2. 資料時間為 2022.09　　資料來源：金管會銀行局

國內分行最多的銀行，截至 2022 年 9 月底，共有 269 家國內分行，也是唯一一家超過 200 家國內分行的銀行（詳見表 2）。

或許有人會覺得這沒有什麼了不起，但因為我自己是做生意的，對我來說分行據點多，代表生意做很大、客戶多，而人潮與錢潮脫不了關係，所以我對這家分行最

多的銀行特別有好感。

理由4》屬於「大到不能倒」銀行

我是從 2018 年開始慢慢存合庫金、2019 年小幅加碼、2020 年股市大跌時又再大幅加碼。之所以敢投入大量資金集中存這檔股票，還有一個重要原因，就是 2019 年年底，金管會宣布了 5 家「我國系統性重要銀行（Domestic Systemically Important Banks，D-SIBs）」，合作金庫銀行就是其中之一，另外還有兆豐銀行、中國信託銀行、國泰世華銀行、台北富邦銀行（詳見表 3）。

簡單來説，系統性重要銀行的規模龐大，一旦出事，將會衝擊金融體系，因此政府對於這些銀行的財務有著更嚴格的監理機制，希望能夠讓這些銀行強化對抗風險的能力，故系統性重要銀行又被形容為「大到不能倒」的銀行。

到了 2020 年 12 月，第一銀行也被納入系統性重要

表2 合作金庫銀行的分行數量為全台灣之冠
——國內分行數量前20名之銀行

排名	銀行	國內分行（家）	國外分行（家）	所屬金控（股號）
1	**合作金庫銀行**	**269**	**14**	**合庫金（5880）**
2	第一銀行	186	20	第一金（2892）
3	華南銀行	185	12	華南金（2880）
4	彰化銀行	184	7	無
5	國泰世華銀行	164	7	國泰金（2882）
6	臺灣銀行	163	11	臺灣金控
7	中國信託銀行	151	12	中信金（2891）
8	土地銀行	149	7	無
9	元大銀行	148	1	元大金（2885）
10	玉山銀行	137	8	玉山金（2884）
11	台北富邦銀行	134	5	富邦金（2881）
12	永豐銀行	124	4	永豐金（2890）
12	臺灣企銀	124	8	無
14	兆豐銀行	107	24	兆豐金（2886）
15	陽信銀行	104	0	無
16	新光銀行	103	1	新光金（2888）
17	台新銀行	100	5	台新金（2887）
18	聯邦銀行	89	無	無
19	台中銀行	81	1	無
20	上海商銀	71	4	無

註：資料時間為2022.09　資料來源：金管會銀行局

表3 大到不能倒的銀行中泛公股、民營各半
——台灣系統性重要銀行（D-SIBs）

銀行	性質	納入時間
合作金庫銀行	泛公股	2019年12月
兆豐銀行	泛公股	2019年12月
第一銀行	泛公股	2020年12月
中國信託銀行	民　營	2019年12月
國泰世華銀行	民　營	2019年12月
台北富邦銀行	民　營	2019年12月

資料來源：金管會

銀行名單，因此截至 2022 年，台灣一共有 6 家銀行被指定為系統性重要銀行。有些存股族會從這 6 家銀行中，挑選適合存股的股票。

理由5》獲利穩健成長

合庫金 2011 年成立時，是以當時全台最大的民營銀行轉型金控，如今主要獲利來源主體仍是合作金庫銀行，貢獻的年度獲利超過 85%；獲利貢獻居次的則是合庫人壽，再來依序是合庫證券、合庫票券、資產管理、創投、

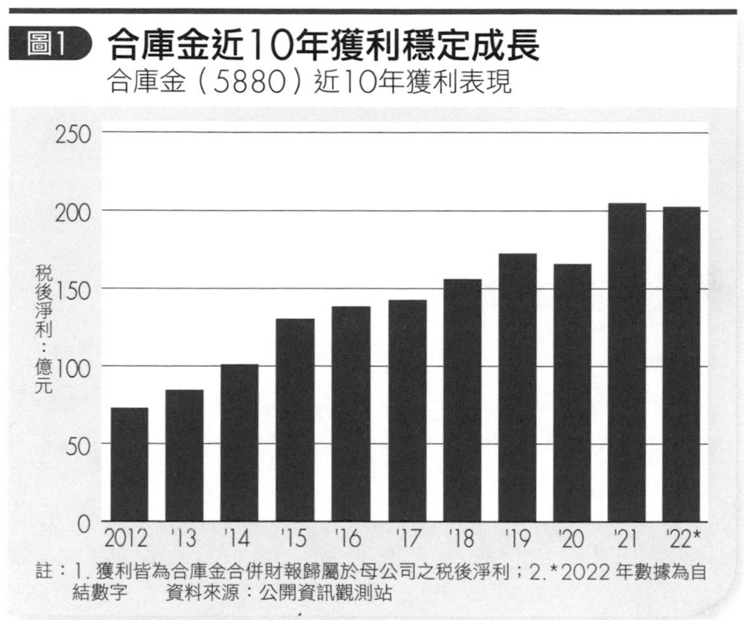

投資信託等子公司。

接著來觀察合庫金最近 10 年的獲利表現，雖然不是年年成長，但是若以長期來看，獲利確實是穩穩地往上升——從 2012 年全年約 74 億元，到 2022 年全年獲利超過 200 億元，平均年成長率大約為 10.7%（詳見圖 1）。

儘管合庫金 2022 年的自結獲利 202 億元，跟 2021 年的 205 億元相比呈現微幅衰退，但衰退是所有金融業在 2022 年面臨的環境動盪所導致的，只要不是連續幾年都持續衰退，我並不會太過在意。

理由6》配股、配息兼具有利於累積張數

查看 4 家泛公股金控，除了兆豐金是連續 9 年只配現金股利，2021 年度才又變成「現金股利＋股票股利」的配發方式；另外 3 家──合庫金、第一金、華南金，則多採取「現金股利＋股票股利」的股利配發政策（詳見表 4）。

其他的民營金控也各有各的股利配發政策，像是中信金（2891）、富邦金（2881）、國泰金（2882）比較偏向現金股利為主。

以合庫金來說，2022 年所配發的 2021 年度股利是現金股利 1 元、股票股利 0.3 元，也就是說，如果 2022 年 8 月除權息日之前，你擁有 1 張（1,000 股）

表4 合庫金多採配股+配息
——合庫金（5880）每股股利紀錄

股利所屬年度	股利發放年度	現金股利（元）	股票股利（元）	合計
2017	2018	0.75	0.3	1.05
2018	2019	0.75	0.3	1.05
2019	2020	0.85	0.3	1.15
2020	2021	0.85	0.2	1.05
2021	2022	1.00	0.3	1.30

資料來源：Goodinfo! 台灣股市資訊網

合庫金，可以領到現金股利 1,000 元，外加股票股利 30 股（詳見圖 2）。

有些人會比較喜歡偏重現金股利的公司，因為能領到的現金比較多，但是因為我目前比較想要累積股票部位，所以就算是領到現金，我也是用來買股票；若是配發股票股利，則能直接讓我帳上的股數增加，對我來說是一大優點。

當然，配發股票股利會讓公司的股本變大，這樣下一

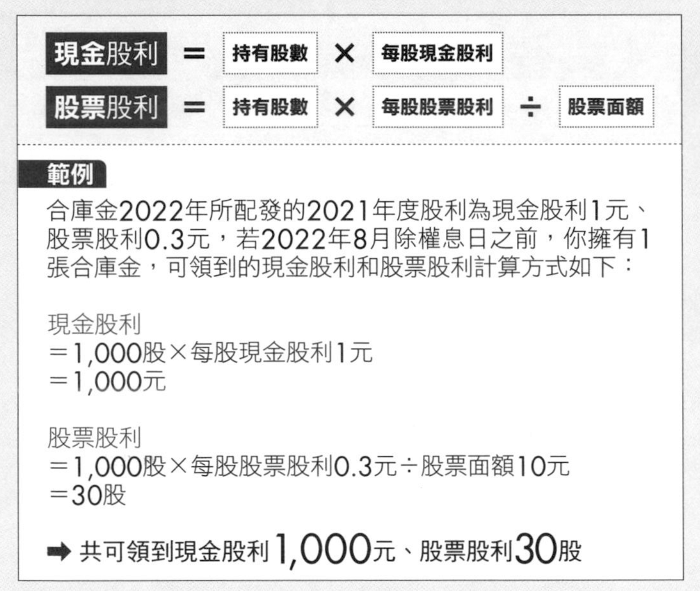

年度如果公司的獲利沒有隨著股本膨脹而成長，就會影響每股盈餘（EPS）衰退，配發的股利也有可能變少。

不過我也不太擔心這個問題，因為我並不是只投資 1 年、2 年，而是打算投資 5 年、10 年以上。從合庫金過去 10 年的獲利表現就能知道，它雖然每年都配發股票股利讓股本膨脹，但其長期獲利表現同樣穩步上升，股利配發水準也相當穩定。

就算 2022 年度的獲利衰退，會影響 2023 年所要配發的股利，也沒有關係，就如同我在前文所說的，只要不是連續幾年的獲利都愈來愈衰退，我仍然會繼續維持長期持有。

2-5 富邦金》第2檔核心持股 3理由新添民營金控

我的第 2 檔核心持股選擇富邦金（2881），或許你會覺得奇怪，為何我不選其他產業的股票，仍然要挑金控股？

主要原因還是金控公司原本就符合我核心持股的選股條件：產業有穩定性或發展性；另一方面，這也是我個人的喜好，我喜歡大型金控穩健經營的特質。

說更明白一點，就是我比較懶惰，我認為投資本來就不該花費太多的時間，投資的目的是要讓自己的生活方式愈來愈輕鬆，如果因為投資而讓生活變得更忙碌，就不是我要的了。

不過富邦金的性質跟我的最大核心持股合庫金（5880）仍有所不同，合庫金是泛公股性質，因此另一檔核心持股我想要挑選民營金控來做搭配；此外，合庫金屬於「銀行型金控」，富邦金則是「壽險型金控」，我想同時配置 2 種類型的金控股，能夠讓我喜歡的金控股持股組合更加完整。

跟合庫金相比，富邦金的每股盈餘（EPS）和股價波動也相對較大，像是在 2021 年，因為富邦金獲利表現好，股價就從年初的 45 元左右，於同年 7 月最高衝到 85.7 元，上漲大約 90%；後來又隨著獲利下降，股價最低在 2022 年 10 月跌到 47.7 元，最大跌幅高達 44%。而合庫金則是從原本的 20 元上下，在 2022 年 4 月最高漲到 31.5 元，上漲大約 57%；到了同年 10 月最低則跌到 23.4 元，最大跌幅 25.7%，波動明顯比富邦金小。

再拉長時間來觀察，富邦金儘管波動相對大一些，長期股價走勢還是向上趨勢，尤其看包含股利的「還原股價」走勢圖，富邦金從 2001 年年底上市至今，還原股價仍是愈來愈高（詳見圖 1）。

以下將分別說明，我選擇富邦金作為第 2 檔核心持股的 3 個理由：

理由1》整併後分行家數將躍居民營銀行之冠

富邦金有多個金融事業體，除了主要的獲利來源富邦人壽，旗下事業還有台北富邦銀行、富邦產險、富邦證券、富邦投信，以及香港富邦銀行、位於中國的富邦華一銀行等。

富邦金還完成了台灣史上第一起「金金併」，也就是金控公司購併金控公司。根據富邦金的官網及線上法說會資料，2021 年富邦金取得了日盛金控過半股權，2022 年 11 月正式合併。

在富邦金合併日盛金之後，不重複的客戶數高達 1,352 萬人，且截至 2022 年 11 月，台灣總人口約 2,323 萬人，等於台灣有接近 60% 的人口都是富邦金的客戶。人潮就是錢潮，來往客戶愈多，知名度愈高，生意做得愈大，賺錢的機會愈多，公司也就愈有規模優勢和品牌優勢。

而接下來，富邦金也將逐步完成銀行及證券的整併，

圖1 富邦金包含股利的股價走勢長期向上

富邦金（2881）還原月線圖

註：資料時間為 2001.12.19 ～ 2022.01.03　　資料來源：XQ 全球贏家

包括將日盛銀行併入台北富邦銀行、日盛證券併入富邦證券。

以國內分行數量排名來看，截至 2022 年 9 月底，台北富邦銀行排第 11 名，在合併日盛銀行之後，排名將一口氣前進到第 5 名，居於泛公股銀行的合作金庫銀行、第一銀行、華南銀行、彰化銀行之後，成為民營銀行國內分行家數最多的銀行。

台北富邦銀行也是金管會指名的系統性重要銀行之一，是「大到不能倒」銀行的成員；在完成與日盛金的整併之後，重要性又再提升，將受到主管機關更嚴格的監督，對我們股東而言也增加了更多保障。

理由2》蟬聯10年金控每股獲利王

再強調一次，規模大的公司，愈有抵抗景氣逆風的能力；就算一時景氣差，也比較不容易面臨公司倒閉、股票變壁紙的慘劇。因此在挑選第 2 檔核心持股時，我還是先從大型資產規模的方向去挑選。

按照資產規模排行，富邦金是台灣排名第 2 大的民營金控，第 1 名是國泰金（2882）。截至 2022 年第 3 季，國泰金資產近 11 兆 9,000 億元，富邦金約 10 兆 7,000 億元。

此外，富邦金的營收規模也一直略低於國泰金（詳見

表1 富邦金營收低於國泰金，但獲利卻較佳

——富邦金（2881）經營績效表

年度	營業收入（億元）	稅後淨利（億元）	稅後每股盈餘（元）
2013	3,802	385	3.90
2014	3,818	602	5.89
2015	4,302	636	6.21
2016	4,389	484	4.73
2017	4,061	541	5.19
2018	4,109	477	4.52
2019	4,480	585	5.46
2020	4,765	903	8.54
2021	4,858	1,446	12.49
2022前3季	2,906	837	6.51

——國泰金（2882）經營績效表

年度	營業收入（億元）	稅後淨利（億元）	稅後每股盈餘（元）
2013	3,921	378	3.28
2014	4,073	494	3.93
2015	4,413	575	4.58
2016	5,392	476	3.79
2017	5,845	563	4.47
2018	4,733	515	3.95
2019	5,559	628	4.76
2020	6,299	746	5.41
2021	6,260	1,395	10.34
2022前3季	3,065	539	3.83

資料來源：XQ 全球贏家

表 1）。不過若以稅後淨利來看，在過去 10 年期間，富邦金除了 2017 年到 2019 年這 3 個年度之外，其他 7 個年度都略勝一籌。

像是國泰金在 2020 年和 2021 年的營收分別是 6,299 億元、6,260 億元，富邦金則分別為 4,765 億元、4,858 億元，這 2 年國泰金的營收規模比富邦金高出了大約 30%。

但是在稅後淨利的部分，國泰金在 2020 年和 2021 年分別是 746 億元、1,395 億元，富邦金則為 903 億元、1,446 億元，很明顯的，富邦金獲利表現比國泰金更佳。

再看 EPS，富邦金蟬聯了超過 10 年的金控每股獲利王，在此狀況下，儘管股本低於國泰金，但富邦金的股價與市值都比國泰金更高（詳見表 2）。

根據以上條件，可以發現富邦金很符合我設定的「公司營收獲利規模大，連續 10 年獲利」的核心持股選股

表2 富邦金的股價與市值高於國泰金
——富邦金（2881）vs.國泰金（2882）

項目	富邦金（2881）	國泰金（2882）
上市日期	2001.12.19	2001.12.31
股本（億元）	1,239.52	1,466.92
股價（元）	56.30	40.00
總市值（億元）	6,978.50	5,867.68
每股淨值（元）	39.45	20.06

註：1. 股價、總市值資料時間為 2022.12.30；2. 股本、每股淨值取自 2022 年第 3 季財報　資料來源：公開資訊觀測站、XQ 全球贏家

條件。

理由3》連續10年配發股利

富邦金過去連續 10 年都有配發股利，從 2012 年到 2019 年是只配發現金股利，2020 年和 2021 年則是配發現金股利＋股票股利（詳見表 3）。

再看盈餘分配率的部分，10 年來多在 32% ～ 50% 之間，雖然還算穩定，但是不難發現富邦金的配發水準並不算高，同樣屬於壽險型金控的國泰金也有相同狀況。

這是因為壽險業比較特別，必須盡量讓資金留在公司內，讓財務結構更健全。

投資這類型的股票，不太能期待它未來會配發高比率的股利，尤其是現金股利。不過，我倒是期待接下來能持續配到股票股利，幫助我無痛累積股票張數。也樂見政府對壽險業的監督，讓公司的財務與經營能更加穩定。

況且，我的第 1 檔核心持股合庫金有較高的盈餘分配率，近 10 年都有在 80% 以上，占我的股票市值比重也最高；因此第 2 檔核心持股富邦金的盈餘配發率較低一些，是我能夠接受的。

再觀察殖利率，假設在 2022 年 7 月除息之前，以 70 元買進 1 張富邦金，買進成本共 7 萬元；每股配發 3.5 元現金股利，持有 1 張就能領到 3,500 元，只計算現金股利的殖利率就有 5%。

若再加上每股 0.5 元的股票股利，1 張可以配 50 股，就算用除權後最低價 47.7 元計算股票股利的價值，這

表3 富邦金近10年皆有配發股利
——富邦金（2881）股利配發紀錄

股利所屬年度	股利發放年度	現金股利（元）	股票股利（元）	股利合計（元）	EPS（元）	盈餘分配率（%）
2012	2013	1.0	0.0	1.0	3.07	33
2013	2014	1.5	0.0	1.5	3.90	38
2014	2015	3.0	0.0	3.0	5.89	51
2015	2016	2.0	0.0	2.0	6.21	32
2016	2017	2.0	0.0	2.0	4.73	42
2017	2018	2.3	0.0	2.3	5.19	44
2018	2019	2.0	0.0	2.0	4.52	44
2019	2020	2.0	0.0	2.0	5.46	37
2020	2021	3.0	1.0	4.0	8.54	47
2021	2022	3.5	0.5	4.0	12.49	32

資料來源：XQ 全球贏家

50 股的股票股利價值是 2,385 元，加上原本領的現金股利 3,500 元，一共是 5,885 元，除以買進成本 7 萬元，殖利率高達 8.4%。就算盈餘分配率偏低，股利倒是滿甜美的。

雖然我 2022 年 8 月才開始買富邦金，來不及參與富邦金的配息，只有領到配股，因此殖利率不算理想，且由於 2022 年保險業碰到產業逆風（支付鉅額防疫險理賠金、持有之債券部位價格大跌等），隔年股利恐怕也不會盡如人意；但正因富邦金股價已跌到相對低的價位，從長期持有的角度來看，對我來說反而算是累積部位的好機會。

核心持股＋衛星持股 讓資產配置攻守兼備

自從開始存股以來，除了合庫金（5880），我也買過其他金融股以及 ETF（指數股票型基金），後來決定認真把合庫金養肥成第 1 隻金雞母，我就陸續把持股較少的股票賣掉，將資金盡量集中。

而合庫金則被我視為定存股，也是我的「核心持股」，只要它能穩定營運、配股利，我沒事不會去動它，不會把這隻金雞母給輕易賣掉。

我在 2022 年 6 月成功存到了 500 張合庫金參與除權息，在這一年，光靠它就讓我領到現金股利共約 50 萬元，股票股利共 15 張。

在還沒有退休之前，我自己的計畫是，每年一定要將領到的現金股利再投入買股；等到未來退休之後，就算不繼續投入新的資金，且假設 1 年至少能領到 50 萬元現金股利，那麼我每月大約就能有 4 萬元的生活費可以花用。

就算每隔幾年可能就會遇到景氣不好的年度，導致股利一時下降，只要不是持續性年年衰退，我認為長期而言，股利應該都會有一定的水準；而核心持股所配發的股利就是金雞母下的金蛋，也是我未來退休後的基本退休金。

採70%核心持股＋30%衛星持股的存股組合

合庫金的股性波動較小，股利也不是太令人驚豔，持有這檔股票就如同一份穩定的工作一樣，只要把該做的事情完成，就能獲得應得的報酬。透過這檔核心持股，讓我已不須擔憂最基本的部分，因此我才開始認真做其他規畫。

簡單的方法才得以複製，愈容易複製的方法才愈能夠成功。順利存到第 1 檔核心持股後，我用同樣的方法繼續存第 2 檔核心持股，並再外加「衛星持股」。

核心持股與衛星持股，就如同地球和月球，地球是行星，月球是衛星。

地球滋養萬物，供應生物存活必需的水和空氣，核心持股在投資組合中也是同樣的存在，公司長久且穩定的做生意賺錢，細水長流，持續供應穩定的股利現金流給退休後的我們，讓我們基本生活無虞。

月球則是地球的衛星，因與地球間的相互引力作用，使地球的運轉能夠維持穩定。而在投資上，核心持股雖然靠自己也能夠生生不息，且就算我們只擁有核心持股其實也無傷大雅，不過若能靈活搭配適合的衛星持股，也就是獲利成長性較強，但股價波動可能較大的股票，可助我們提升整體的投資報酬，兩者可以共存共榮（詳見圖 1）。

核心持股的資金配置比重一定要比較高，以我而言，我希望自己的持股能夠相對穩定，但又想增加一定的報酬，所以我為自己規畫的資金配置比重目標為：核心 70%、衛星 30%。

核心、衛星持股配置順序，可依個人喜好決定

那麼，核心持股和衛星持股究竟是要同時存？還是應該先存核心再存衛星呢？以下將分別介紹 2 種方式的優缺點：

方式1》同時存核心持股和衛星持股

做法：直接按照所設定的資金比重，建立起核心持股和衛星持股的存股組合。例如設定核心持股 70%、衛星持股 30%，預計每月投入 2 萬元資金，那就是每月用 1 萬 4,000 元買入核心持股，另外 6,000 元則買入衛星持股。

優點：可直接配置出想要的存股組合。因為同時持有較穩健的核心持股與較活潑的衛星持股，股價漲跌互見，有時候核心持股的股價可能沒什麼動靜，但是衛星持股卻能繳出較高的報酬率，因此有機會提高整體持股組合的報酬率。

缺點：可能會感覺到累積單一持股張數的速度較慢，

圖1 核心持股的配置比重應較衛星持股高

核心持股＋衛星持股配置示意圖

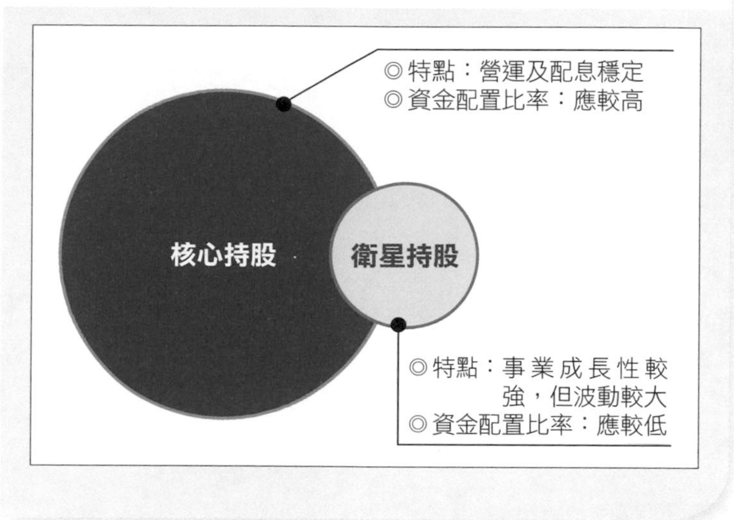

較缺乏成就感。

方式2》先存核心持股再存衛星持股

做法：先把資金集中在核心持股，等到存到一定的目標後，再開始分配資金到衛星持股。例如：預計每月投入 2 萬元資金，前幾年先集中火力買核心持股，等存到一定張數如 20 張或 50 張，再開始買衛星持股，直到資

延伸學習

股利達2萬元會被扣健保補充保險費

全民健保的保險費是根據職業別及薪資所得繳納不同級距的保險費，而「補充保險費」則是薪資以外的特定收入，須依規定的稅率繳納，包括：

1. 單筆 2 萬元以上的股利收入。
2. 單筆 2 萬元以上的執行業務所得（版稅、稿費、演講費等）。
3. 單筆 2 萬元以上的租金收入。
4. 單筆 2 萬元以上的利息所得。
5. 獎金（全年累計超過當月投保金額 4 倍的部分）。
6. 兼職所得（單次給付金額達中央勞動主管機關公告基本工資之薪資所得）。

範例 1　只配現金股利

2021 年起的稅率為 2.11%，若單筆現金股利金額為 2 萬元，投資人所領到的錢就要先被扣掉 422 元（2 萬元×2.11%）。

金比重達到自己設定的目標。

優點：先專心累積核心持股張數，會較具有成就感，領股利時也會比較有感，進而增強繼續存股的動力。例

範例 2　同時配現金股利＋股票股利

若是在同一基準日配發的現金股利和股票股利，兩者會合併計算補充保險費，並一併於該筆現金股利扣除。例如，現金股利配 1 元、股票股利配 0.3 元，持有 16 張（1 萬 6,000 股），可別以為現金股利只領 1 萬 6,000 元不會被扣補充保險費，實際上會這樣計算：

現金股利所得＝ 1 萬 6,000 股 ×1 元＝ 1 萬 6,000 元
股票股利所得＝ 1 萬 6,000 股 ×0.3 元＝ 4,800 元

➡ 兩者合計的股利所得＝ 1 萬 6,000 元＋ 4,800 元＝ 2 萬 800 元

➡ 補充保險費＝ 2 萬 800 元 ×2.11%＝ 439 元

因此，你所領到的現金股利將會是 1 萬 5,561 元（1 萬 6,000 元－ 439 元），如有匯費則要再扣 10 元，股票帳戶則會收到 480 股的股票股利。

如現金股利配 1 元，只持有 5 張，1 年可領到 5,000 元；若持有 50 張，1 年就可領約 5 萬元（單筆達 2 萬元要被扣健保補充保險費，在此為方便說明故不計入，詳細說明可見延伸學習）。

尤其是當持股有配發股票股利，會感覺累積張數的速度較快，假設存到 50 張，配股票股利 0.2 元，就能夠領到整整 1 張股票。

缺點：核心持股主要是比較穩健的股票，存股過程中若遇到股市多頭，股價漲幅可能會明顯輸給想買但還沒買的衛星持股，要是心智不堅可能會懷疑自己的選擇，動搖存股信心。

以上這 2 種方式各有優缺點，我目前是採取後者，但這只是個人喜好問題，因為我發現自己還是比較偏好先存滿核心持股的安全感與成就感，等有了安全感之後，知道基本退休生活的現金流無虞，我才能放心再做其他規畫。

至於面對核心持股漲幅比不上其他股票漲幅的狀況，我倒是滿能克服這種心態的，因為我知道我需要的不是報酬率最高的投資方法，而是能讓我持續存、穩穩增加存股部位的投資系統。

2-7 3條件挑衛星持股 強化投資組合

挑選衛星持股時，我的要求一樣是要挑選好公司，且殖利率不能太差。一開始我會建議從元大台灣 50（0050）跟元大高股息（0056）的成分股去挑選，因為這些成分股都是從台股前 150 大市值當中的股票精挑出來的，再從中挑選配息不錯的標的。

條件1》連續配息，且最好持續10年以上

有持續賺錢能力的公司才有能力年年配發股利，因此一定要有連續配息紀錄，最好能連續配息 10 年。

條件2》以「配股＋配息」計算殖利率＞10%

在衛星持股的部分，我喜歡同時配發現金股利和股票股利的公司，而且用「現金股利＋股票股利現金估計價值」來計算殖利率（詳見 3-1），最好能有 10% 以上。

表1 除了聯華，其餘3檔股票殖利率都逾10%

股票（股號）	股價（元）	市值（元）	每股現金股利（元）	每股股票股利（元）
台　泥（1101）	41.6	41,600	0.999	0.999
聯　華（1229）	65.9	65,900	1.800	0.500
富邦金（2881）	59.2	59,200	3.500	0.500
裕　融（9941）	214.0	214,000	5.500	1.700

註：1. 本表以 2022 年該個股除權息前一日收盤價、當年度發放之股利試算，惟聯華及富邦金除權息為以「現金股利＋股票股利現金估計價值」除以股價計算

資料來源：XQ 全球贏家

若用此算法分別試算我的第 2 檔核心持股富邦金（2881），及台泥（1101）、聯華（1229）、裕融（9941），以 2022 年配發的股利試算，可以看到除了聯華之外的 3 檔股票，「現金股利＋股票股利現金估計價值」的殖利率都有超過 10%（詳見表 1）。

要注意的是，配股比較多的標的，在除權息之後，股價會下降很多，在還沒有填權息之前，投資人往往會覺得帳面有虧損而影響心情。在這種狀況下，我會比較建議先將核心金雞母持股養好之後，再用閒錢＋核心持股

——牛老闆持有的4檔個股殖利率試算

現金股利（元）	配股（股）	除權息參考價估計值（元）	股票股利估計價值（元）	「現金股利＋股票股利現金估計價值」殖利率（%）	現金殖利率（%）
999	99	36.9	3,653	11.18	2.40
1,800	50	61.0	3,050	7.36	2.73
3,500	50	53.0	2,650	10.39	5.91
5,500	170	178.2	30,294	16.73	2.57

同日期，為利於試算，皆以除息前一日股價為準；2.「現金股利＋股票股利現金估計價值」殖利率，是

的股息買衛星持股，心情會更穩定一些。

條件3》觀察每股盈餘是否有成長

如果以上 2 個條件都符合，可以再看看每股盈餘（EPS）表現相較於去年同期有沒有成長，如果有成長，那麼就很適合納入選擇。

由於股利通常是在 2 月～ 3 月時由董事會公布，年報則多在 3 月底公布，若已經知道股利，但還不知道全年

度獲利，那就可以看第 1 季到第 3 季的累積 EPS，如果累積起來有比去年同期成長，而且第 4 季的每月營收也呈現持平或成長，那麼全年度多半會呈現成長的狀態。

衛星持股可靈活調節，漲多後轉進核心持股

我個人比較不喜歡太過冷門、不容易交易的股票，所以會將日成交量不到 1,000 張的股票刪除。另外，因為我喜歡擁有很多張股票，但因受限於資金問題，所以我比較偏好股價在 20 元～ 50 元之間的個股；不過裕融是例外，因為它的獲利、股利配發都讓我相當滿意，且後來手中也有比較多資金，因此還是成為我目前手中的衛星持股。

衛星持股在我的投資組合裡，嚴格來說不算是長期持股，比較像是可以靈活調節的部位。我的計畫是，如果衛星持股一時漲了很多，例如股價上漲超過我的成本 20%，我可能會選擇賣掉一半，並將其轉到核心持股，當作是把資金鎖在穩定的核心持股裡；若繼續上漲，我最後也有可能會全部賣掉轉入核心持股。

核心持股因為股價波動小，只要持續照計畫投入養大金雞母，都可以讓我們很安心的一直買進並持有；衛星持股就需要多費一些心思，畢竟若是股價大漲，或者公司營運受到景氣影響而變差，「現金股利＋股票股利現金估計價值」殖利率就會下降到 10% 以下，例如：

1. 以聯華為例：

2021 年每股配發現金股利 1.7 元、股票股利 1 元，以除息前一日收盤價 53 元計算，殖利率大於 10%。

2022 年每股配發現金股利 1.8 元、股票股利 0.5 元，以除息前一日收盤價 65.9 元計算，殖利率低於 10%。

2. 以裕融為例：

2021 年每股配發現金股利 4.7 元、股票股利 1.5 元，以除權息前一日收盤價 181.5 元計算，殖利率大於 10%。

2022 年每股配發現金股利 5.5 元、股票股利 1.7 元，以除權息前一日收盤價 214 元計算，殖利率大於

10%。

如果想在股利宣布之前就先買進股票，可以提前在第3季財報出爐後就先大致預估可能配發的股利。不過有配股票股利的公司比較不容易預測，只能憑公司過去的發放習慣或是新聞報導做大致的猜測。

例如富邦金、國泰金（2882）都是壽險型金控，近年因為政府鼓勵壽險業要多充實資本，所以會配發股票股利的可能性很高。而裕融在2018年之前有很多年都只配發現金股利，到了2019年起則有連續4年配發股票股利的紀錄，從近年股東會的相關報導，也可以看到裕融有繼續擴張資本的打算，因此繼續配發股票股利的可能性也滿高的。

最後要提醒，買進衛星持股之後仍需要每季觀察，最好是獲利持平或跟去年同期相比有穩定成長；若是出現連續衰退或是暴漲暴跌的情形，代表獲利不算穩定，投資人就要思考是否要繼續持有。

Chapter 3

掌握存股訣竅

3-1 3步驟估算殖利率 逾5%就可買進

決定好要存股的股票，再來只需要買進、持有、領息，就能建構起股息自己流進來的財富系統。而要下單買進第 1 張存股的股票時，相信很多人遇到的第 1 個問題就是：「多少股價適合買進？」

一般的股票，比較常見的股價評估方式是「本益比」，也就是用股價除以每股盈餘（EPS）來評估貴或便宜。不過金控股會比較特殊一些，所以也有人會用「股價淨值比」，也就是股價除以每股淨值為標準，來判斷跟過去大部分的時間相比，現在的股價會不會過高。

我自己則是因為主要投資泛公股金控和大型民營金控，也不是只投入一筆資金，而是持續買進，並且打算長期持有，所以我的判斷標準很簡單，只要評估當年的股利能夠達到 5% 殖利率，就會維持至少每個月買進 1 次的習慣。

之所以設定為 5% 殖利率，是因為我希望自己付出的資金所產生的現金流，不僅能高於定存利率，更要能高於通膨率到一定程度；而一般通膨率是以 2% 估計，若存股標的 5% 的殖利率高於通膨率 2 倍以上，就代表我靠股票獲得的現金流，可以打敗物價上漲。

從我 2018 年開始存合庫金（5880）以來，到 2021 年為止，合庫金每年的股利都算穩定（詳見 2-4 表 4），就算每年董事會宣布配發股利後及除權息之前激勵股價上漲，殖利率也都有在 5% 以上，所以我在存到 500 張合庫金之前，不曾停下存這檔股票的腳步。

各家公司的股利要配多少，通常會在每年 2 月～ 3 月召開董事會時做出決議，等到 5 月～ 6 月開完股東會，接著就會在 7 月～ 9 月陸續除權息；除權息大約 1 個月後，股東就能看到股利入帳（詳見表 1）。

假設公司的獲利沒有大幅的變動，我通常會用上一年度的股利簡單計算殖利率；到了公司召開董事會宣布要配的股利後，再重新計算一次。

股利的形式又可分為現金股利（股東領到現金）、股票股利（股東領到股票）。而隨著各家公司的股利政策不同，有的只配現金股利，有的則會配現金股利＋股票股利。

如果只有配現金股利，計算殖利率時比較簡單，但若同時有配現金股利和股票股利，該怎麼計算殖利率呢？

1.只配發現金股利

在公司只有配現金股利的狀況下，我們只要將現金股利除以買進股價，就能輕鬆算出殖利率：

殖利率＝現金股利 ÷ 買進股價 ×100%

例如，假設在 2022 年除權息之前，以 23 元買進中信金（2891），每股可領現金股利 1.25 元，殖利率計算方式如下：

殖利率
＝現金股利1.25元÷買進股價23元×100%
＝5.43%

表1 合庫金近年來多在9月發放現金股利
──合庫金(5880)除權、除息及股利發放日程表

股利所屬年度	董事會日期	股東會日期	除息交易日	除權交易日	現金股利發放日
2017	2018.02.13	2018.06.22	2018.08.21	2018.08.21	2018.09.21
2018	2019.03.25	2019.06.21	2019.08.14	2019.08.14	2019.09.18
2019	2020.03.23	2020.06.24	2020.08.12	2020.08.12	2020.09.16
2020	2021.03.22	2021.06.25	2021.08.11	2021.09.08	2021.08.31
2021	2022.03.14	2022.06.17	2022.08.10	2022.08.10	2022.09.13

資料來源:公開資訊觀測站、Goodinfo! 台灣股市資訊網

2.配發現金股利+股票股利

當同時有配發現金股利和股票股利時,有些人會直接將現金股利+股票股利,再除以買進股價。假設在2022年除權息前,以26元買進合庫金,每股可以領到現金股利1元、股票股利0.3元,經過簡單計算:現金股利1.3元÷買進股價26元,可以得知殖利率為5%。

上述的算法,是直接按股票股利的面額計算。因為有小數點比較不容易理解,我們用持有1張(1,000股)

股票來説明，若是配股票股利 0.3 元，股東可以獲得 30 股，乘上合庫金的股票面額 10 元，那麼這 30 股的股票股利價值就是 300 元。

換句話説，假設我們獲得配股、配息後，合庫金股價跌到面額 10 元，且我們把配到的 30 股賣掉換現金，那麼我們可以獲得的殖利率就是 5%（（現金股利 1,000 元＋股票股利 300 元）÷ 買進成本 2 萬 6,000 元 ×100%）。

但是合庫金的股價超過面額 10 元許多，成立以來不曾跌破 10 元，每股淨值也都在 10 元以上；因此我認為在評估股票股利的價值時，用當時預估除權息後的股價去估算還是比較合理。

假設預估除權息後的股價是 24.3 元，那麼這筆股票股利的市價應該是價值 729 元（30 股 ×24.3 元），加上現金股利 1,000 元（1,000 股 × 每股現金股利 1 元），共有 1,729 元，殖利率會有 6.65%（1,729 元 ÷ 買進成本 2 萬 6,000 元 ×100%）。

當然，我們買股票時，不會知道接下來除權息前一天的收盤價是多少，有可能比我們買進成本低，也可能比我們買進成本高，所以我們只能大致估算，我將計算步驟分享如下：

步驟1》計算「除權息參考價估計值」

股票在配股利時會進行「除權息」的動作，也就是「除權息交易日」當天開盤時，會用前一日收盤價扣掉現金股利和股票股利，作為當天開盤時的參考價；由於事先不會知道除權息前一日收盤價，所以就直接以買進成本估算。

同樣以前面提到的合庫金為例，假設以 26 元買進 1 張，配發現金股利 1 元、股票股利 0.3 元：

$$\text{除權息參考價估計值} = \frac{\text{買進成本26元}-\text{現金股利1元}}{1+\text{股票股利0.3元}\div\text{面額10元}} = \frac{25}{1.03} = 24.3\text{元}$$

步驟2》計算股票股利的現金估計價值

持有 1 張合庫金，可領到股票股利 30 股（1,000 股 × 股票股利 0.3 元 ÷ 面額 10 元），這筆股票股利的現金估計價值為：

股票股利現金估計價值
＝股票股利股數×除權息參考價估計值
＝30股×24.3元＝729元

步驟3》計算殖利率

持有 1 張合庫金，可領到現金股利 1,000 元（每股現金股利 1 元 ×1,000 股）＋股票股利 30 股（現金估計價值 729 元），再除以買進成本 2 萬 6,000 元（買進股價 26 元 ×1,000 股），殖利率估算如下：

$$\text{殖利率} = \frac{\text{現金股利1,000元＋股票股利現金估計價值729元}}{\text{買進成本2萬6,000元}} \times 100\%$$

$$=6.7\%$$

用股利金額回推買進股價上限

按上述條件，可算出 2022 年除權息前，若花費 2 萬 6,000 元買進 1 張合庫金，可獲得的現金股利＋股票股利現金估計價值為 1,729 元。那麼，如果股價突然大幅上漲，最高用多少錢買進，還是能夠獲得 5% 殖利率呢？可以用以下方式回推：

1. 用買進 1 張股票可獲得的現金，推算 5% 殖利率的買進成本：

$$\frac{\text{現金股利1,000元＋股票股利現金估計價值729元}}{\text{最低要求殖利率5\%}} = \text{3萬4,580元}$$

2. 將買進成本除以 1,000 股，得知每股股價為：

3 萬 4,580 元 ÷1,000 股＝ 34.58 元

由上述計算結果可以知道，只要股價在 34.58 元以下，且除權息後股價在 24.3 元以上的狀況下，至少能夠獲得 5% 的殖利率。

而現在回頭來看，合庫金在 2022 年除權息前的最高價是 31.5 元，因此就算買在當年最高價，殖利率都仍有高於 5% 的水準。

針對有配現金股利＋股票股利的泛公股金控股票，如果只用其中的現金股利計算「現金殖利率」，難免會讓投資人覺得殖利率太低；但是只要再加入股票股利的價值計算，就會發現殖利率其實很不錯！

尤其如果是長期分散時間買入，隨著每年配股、配息，持有成本其實會愈來愈低，就算有幾次買在相對高的股價，也沒有什麼好在意的。

遇短期股價大漲，切勿孤注一擲

比較需要注意的是，如果你才剛開始投入存股行列，手邊也有一大筆閒錢可以投資，卻正好遇到金融業景氣高峰，殖利率因為股價大漲而掉到 5% 以下，是不是就不要買比較好？還是應該閉著眼睛照樣買下去？針對這個問題，我會採取以下原則：

1.殖利率接近5%仍可接受

倘若殖利率真的掉到 5% 以下，例如 4.9%、4.8%，我還是會考慮買進；但要是殖利率跌破 4.8% 以下，例如跌到 4.7%、4.5%，那麼我應該就會選擇先觀望不買。

2.用分批買進取代單筆投入

就算有一大筆閒錢，且股價漲得比以往更高，我也不會一次單筆投入，而是會採取分批買進，至少分成 12 個月買。

就以合庫金來說，股價雖然是長期慢慢上漲，但是從短、中期看，股價大部分時間都很平穩，少部分時間才會出現波動，就算是跟隨多頭市場的上漲，也很少在短期一路上漲不回頭的。

若在短期上漲時一時衝動投入所有可用資金，那麼當股價從激情回歸平淡時，就得面對一大筆錢套牢的窘境。因此最好的方式還是在投入資金時分批進場，讓成本盡可能的均攤。對新手而言，被套牢的挫折感恐影響繼續存股的決心，謹慎一點，存股之路才有可能走得長久。

定期分批投入資金 建立投資自動化系統

當你找到正確的投資獲利方法，運作方式愈簡單，會愈容易執行，而容易複製，也更有機會成功。想讓「股息自己流進來」，我們就得建立一套容易運作的系統，讓自己的投資自動化，不要花費太多時間去想何時加碼、何時停損停利，生活才會過得輕鬆愜意。

如果是買一般的股票，為了避免買貴，會比較需要留意股價是否過高的問題。不過像是泛公股金控，平時股價的波動並不明顯，如果沒有大事發生，整個月的股價變化可能只有 1 元上下。所以買合庫金（5880）時，我只要確認了殖利率仍有 5%，我就維持每個月買、持續買的習慣，有紀律的建立部位。

不必堅持「買綠不買紅」

要有紀律的每月定期買進，説起來簡單，但是實際行動時還是有可能會碰到困難，例如受到心理學所謂的「定錨效應」影響。定錨效應是指人們很容易把初次的印象當成評估標準，導致做出不理性的行為。在股市投資裡最常出現的定錨效應，大概會是這樣：

一開始發現適合長期存股的 A 股票時，股價是 19 元，後來漲到 19.5 元，就算計算它的殖利率已經高於理想的 5% 殖利率標準，且跟以往多在 20 元以上的股價相比也不算高，但還是認為自己買在 19.5 元會買貴，因此堅持要等它跌回 19 元才肯買，這就是沒有必要且不理性的行為。

另外，還有所謂的「買綠（跌）不買紅（漲）」，廣義來説，這應該是指產業會輪動，如果投資人能夠在產業景氣較低迷的時候買進，等到產業景氣回升，就可以享受到價差。

不過我發現有人會把這概念誤用，單憑每日的股價變化來決定存股的買點，也就是當股價比昨天低時，看盤軟體上的股價顯示為綠色，就認為是適合的買點；當股價比昨天高，則顯示為紅色，就認為當天不適合買進。

然而，股價顯示紅色或綠色，只是跟昨天相比而已，不代表你能買在最近的低價。我們來看看以下例子：

週一：20.9 元（綠）
週二：20.3 元（綠）
週三：20.4 元（紅）
週四：20.5 元（紅）
週五：21.2 元（紅）

週一是綠，週三和週四都是紅，但是這 2 天的股價卻比週一還低！如果買在週一，買進成本就會比週三、週四還要高；而且其實這幾天的股價差異很小，都已經決定要存股了，殖利率滿意就好，堅持買綠不買紅是沒有必要的。

自行選擇買點，不易維持資金投入紀律

若把時間拉長來看合庫金 2021 年各月月底的收盤價：

1 月：19.15 元
2 月：19.95 元
3 月：21.15 元
4 月：21.4 元
5 月：20.95 元
6 月：21.25 元
7 月：21.85 元
8 月：22.35 元
9 月：22.1 元
10 月：22.6 元
11 月：23.75 元
12 月：25.45 元

假使每個月都用閒錢堅持買 1 張存股，平均成本會是多少？我幫你算好了，總共會持有 12 張，平均成本為 21.8 元，在除權息前買的部分還可以領到配股和配息。

但是如果自以為聰明，想吃它豆腐，堅持要買得比以前的股價更低，那麼這一年可能 1 張都買不下去。連 19.15 元都沒有買，發現後面漲到 20 元、23 元、25

元，就更難買得下去。

接下來有可能等個 5 年，即使真的等到股價跌到 17 元～ 19 元，到那個時候，依然空手的投資人，真的敢把累積 5 年的資金，全都在這個區間買完嗎？通常是很難做到的，因為當股價下跌後，又會想著「接下來應該還會繼續跌」，而不敢投入所有資金，這就是看股價進出股市時，最難克服的心魔。

而若是一直無法擺脫此心魔，則往往會在股票跌了以後，因為覺得自己過早買入而後悔；股票漲了以後，又因為自己之前買太少而後悔。我想告訴大家，再高明的投資人，都無法做到買在股價最便宜的時候！怕後悔就不要投資，要投資就不要怕後悔。

我剛開始投資泛公股金控合庫金時，股價大約在 18 元～ 21 元之間，因為殖利率都有 5% 以上，因此我持續買入時，並不太在乎這個月買的股價高於上個月這種事。在金雞母還沒長大以前，只要公司運作沒問題，就眼睛閉著拚命買到張數夠為止；時間拉長後再回頭看，你會發現成本根本就不會差太多！

分批投入須留意5大重點

存股的資金投入重點在於「持續」，分批投入是讓投資人壓力降到最小的方式，建議可留意以下 5 大重點：

重點1》務必使用「閒錢」投資

投資與生活要用的資金一定要分開，用於投資的錢，一定要是「閒錢」，也就是不屬於生活支出的錢，必須「專款專用」，只為了養大金雞母使用。

堅持閒錢投資，才不會在存股的過程中，因為突然需要用錢而變賣股票，否則要是遇到空頭時期，還得忍痛認賠變賣金雞母，反而打亂長期的存股計畫。

重點2》每月定期買入，錢不夠買1張就買零股

紀律的存股，一定要把收入定期撥出一部分來存股，頻率由你自行決定，可以每週買、隔週買、每月買……，至少要每月買 1 次才行！

例如每月可用於投資的閒錢是 1 萬元，就在月初領到收入後，先撥出這 1 萬元買股票，要是錢不夠買 1 張整股，那就買零股！例如：

◎ 1 萬元分 4 次買，每週買 1 次：

第 1 週：股價 20 元，花費 2,500 元約可買進 125 股零股。

第 2 週：股價 21 元，花費 2,500 元約可買進 119 股零股。

第 3 週：股價 20.5 元，花費 2,500 元約可買進 121 股零股。

第 4 週：股價 19.5 元，花費 2,500 元約可買進 128 股零股。

◎ 1 萬元每月買 1 次：

股價 20 元，花費 1 萬元約可買進 500 股零股。

股價 19 元，花費 1 萬元約可買進 526 股零股。

股價 21 元，花費 1 萬元約可買進 476 股零股。

以上算法暫不考慮手續費，依此類推，每 2 個月約可存滿 1 張股票，只要股價大致都在差不多的區間，1 年大約可存到 6 張股票！

零股非常適合資金有限的人購買，現在的交易機制也比以前方便很多，以前零股只能盤後交易，必須在下午 1 點 40 分到 2 點 30 分之間下單，委託價也不容易拿捏，可能要連續下單 2 天～ 3 天才能成交。

2020 年 10 月下旬開放盤中也可以買賣零股，每 3 分鐘撮合 1 次。委託下單時也跟整股交易一樣可以看到最佳 5 檔委託買賣價，大大改善盤後零股不易用心儀價格買到的問題。到了 2022 年 12 月 19 日，盤中零股交易縮短為每 1 分鐘撮合 1 次，買零股可以更快成交，跟買整股的交易體驗已經相差不遠，非常方便！

我知道有些人不太喜歡買零股，寧願把錢存到買整張時再下單，其實也沒有什麼不可以，不過很有可能會回到「錢存到了，股價卻上漲了，反而買不下去」的問題。想要紀律存股，還是建立起至少每月定期買入的習慣最有效！

重點3》領到股息或閒錢，視金額多寡再投入

除了每個月固定會領到的工作收入之外，如果手上多出單筆閒錢，例如股息、工作獎金等，也可以視金額多寡，決定要單筆投入或分批投入（詳見圖 1）。像是剛開始存股的人，前幾年領到的股息可能不多，如果領到幾千元或是 1 萬元、2 萬元，就可以在領到錢之後馬上投入。

若是股息開始領到比較多錢，或是有單筆 15 萬元、30 萬元的績效獎金、年終獎金等入帳，則可以考慮全部投入，或拿出其中一部分來投入買股。當然，最好能夠分批投入，例如 15 萬元分成 12 個月，每月分批投入；或是分成 52 週，每週分批投入，都可以達到資金分散、均攤成本的效果。

建議只要是分批投入資金，投入的時間點就是按照設定好的日期下單，例如固定在每月 5 日那天買進，或是在領薪水當天買進等，而不是看股價漲跌才決定要不要買進。當你都以固定時間、固定金額投入，自然就不會去在意股價了，因為你會發現自己不需要勞心勞力，就

圖1 薪資與獎金可雙管齊下，累積存股部位

存股資金來源

可以買到相對的平均值。

若是擔心自己沒有紀律，現在也有許多券商提供「定期定額買零股」的機器人服務，有好幾家只要 1,000 元就能買，甚至有券商推出 100 元就能定期定額；這種服務都是每月固定時間扣款，由券商自動幫你下單，大家可以善用！

只要建立好紀律，從此你不需要再花時間找買點，省下來的時間可以專心經營本業工作，或用來做其他喜歡的事，提升你的工作和生活品質。

重點4》不須為空頭預留加碼資金

有朋友問我，我在 2020 年時，用加碼資金買了很多股票，那麼會不會也建議大家預留一筆錢，等待空頭市場時加碼？

這個問題沒有標準答案，依個人喜好而定即可，但我還是分享一下我的做法，我自己是沒有預留任何空頭加碼資金的。

我之所以能夠在 2020 年有較多資金加碼，是因為當時贖回了定期定額扣款多年的共同基金，以及收回與友人一起投資餐廳的本金，這兩筆閒錢我都在 2020 年時全數用於買股；但也因為是分批投入，我並沒有在 3 月低檔時投入特別多。

我的目標始終是不斷餵養金雞母，持續的建立股票部位，而不是等著撿便宜。我的認知是，現金在手上就沒有太大的價值，一定要將現金派出去為我工作，才能產生更大的時間價值。

留現金等加碼的概念，就如同我先花錢請了很多員工，卻要員工別做事，等到需要他們的時候，再請他們出動。但是我不知道何時才會真正需要他們，有可能 1 年，也有可能 3 年，這對我來說是浪費時間又浪費資源的行為。

存股也是這樣，我有閒錢就買，今年除權息前買，會比明年除權息前買，多獲得 1 年配股配息，比起留著現金而賺不到利息更有效益多了。

要是擔心市場波動，導致手中的閒錢買到相對高點，那麼可以先將資金切割好再定期投入，這樣就能夠保證每個週期都有不中斷的現金流，即使股價下跌了仍然有錢繼續買股，便能克服空頭時無錢可買的問題。

我不需要去猜測或等待所謂的空頭，將時間拉長，一樣可以買到股票的長期均價，重點是我的股票存量會不

延伸學習 用複利計算 App 推估資產累積金額

要推估花多少時間能存到多少資產，或在既定的條件下可存到多少錢，除了用 Excel 計算，更簡單的方式就是透過手機 App 幫你計算。

分享一個簡單好用的 App，只要輸入目前本金、每月儲蓄金額、年利（預估年化報酬率）、投資期間，就會自動算出可累積到的最終資產，例如目前本金 0 元，每月儲蓄金額 1 萬元、預估年化報酬率 6%、預計存 20 年，可以得知 20 年後能累積約 455 萬元。看看此金額是不是你要的結果？如果你想要的最終資產是 600 萬元，那麼上述條件明顯不足夠，就可再微調所輸入的條件，調整方向如下：

1. **拉長投資期間**：把投資期間 20 年改成 25 年，那麼試算後的最終資產就是 679 萬元。

2. **提高每月儲蓄金額**：投資期間維持 20 年，但把每月儲蓄

斷的變大，這才是我要的結果。

重點5》持續分批投入，直到存股目標達成

不斷的分批投入資金養金雞母，要持續到何時？做到

金額提高到 1 萬 3,500 元，試算的最終資產就是 615 萬元。

3. **提高預估年化報酬率：**投資期間維持 20 年，每月儲蓄金額也維持 1 萬元，但把預估年化報酬率從 6% 提高到 8.5%，試算後的累積資產則為 607 萬元。

由於你的收入可能會提升，可儲蓄金額也可能增加，希望達到的最終資產也可能會提高，都可以透過此 App 試算，彈性調整儲蓄計畫。

欲使用複利計算 App，可掃描下方的 QR Code，或輸入網址下載：

iOS 版	安卓版
Simple Compound Interest https://lihi2.cc/58sNK	**簡單複利計算** https://lihi2.cc/U02gN

把金雞母養大為止。

金雞母要養多大？必須看你需要的年支出有多少，並估算要有多少股息才足以支付你的所有開銷。

以我為例，你可能會覺得我可以存到 500 張合庫金或年領百萬股息就已經很多了，但因為我希望未來能夠有更好的生活品質，所以我設定了存市值 500 萬元的富邦金（2881）、股票市值累積到 3,000 萬元、5,000 萬元的短、中、長期目標。而要達成這些目標，若光靠股息再投入，需要持續很長的時間才能達成，所以我一定會將工作賺來的每月收入撥出 1/3 用以存股，持續投入新資金。

我沒有要在股市追求極大化的績效跟獲利，我的目標是不斷的累積資產。也因為我目前的本業可以賺取不錯的收入，對我來說，把時間與精力花在本業，還是更有效益的，所以我主要還是在賺取本業收入。而在投資方面，則建立了「讓股息自己流進來」的金雞母被動收入系統。我所做的一切，都是為了日後的退休階段，當主動收入停止了，我還可以靠過去餵養的金雞母來餵養我。

如果你覺得自己離達成財富自由的目標還很遙遠，或許可先以 1 年領 10 萬元股息為目標。等行有餘力，再往年領 20 萬元、30 萬元，甚至 100 萬元股息邁進。

就以年領 30 萬元股息來說，相當於為自己每個月加薪 2 萬 5,000 元，已經是相當美好的事！

而每年 30 萬元股息，假設殖利率 5%，會需要有大約 600 萬元市值的股票。600 萬元股票要怎麼存？試算一下，假設現在起每月投入 1 萬元，年化報酬率 8.5%，那麼只需要 20 年就能做到；若是每月投入 2 萬元，那麼 14 年就能做到（詳見延伸學習）。這件事不需要在短時間內做到，但是現在不開始，就永遠沒有機會達成。

你不用變得很厲害才開始，你必須開始才會變得厲害。

堅持長期投資 如同永續經營賺錢事業

只要你願意，賺錢這件事情是容易的，但是要能夠「持續賺錢」，卻是一件需要靠毅力和智慧才可以做到的事情。

賺錢跟持續賺錢是兩種不同的心境，就以工作來說，1年換好幾個老闆的上班族大有人在，年輕時常常換工作很正常，因為必須嘗試尋找適合自己發展的軌道；但是如果到了一定的年紀還是一直換工作，始終無法在一份工作上累積能力，也無法讓收入往上提升，是相當可惜的事。

找到能夠複製的獲利方法，才能讓你賺錢

投資也有異曲同工之妙。我們都知道，只要「低買、高賣」，就能從股市賺到錢，然而想要讓錢愈滾愈大，就得想辦法持續「複製」這套賺錢的方法。

投資股市有很多種策略，不少人都會全部輪流學一遍，偏偏最常發生的是：學看基本面，卻發現自己沒耐心看財報；想學技術分析方法進出股市，卻發現自己只要一買就跌、一賣就漲；想跟著法人動向、券商分點跟單買賣，卻又摸不透訣竅……。

東學一套、西學一招，每一套都能講得頭頭是道，卻沒辦法靠這些方法持續賺進鈔票，就跟一直在換工作一樣，無法累積持續賺錢的能力。

就像我剛開始進入股市，也是到處亂買股票玩短線，有時候小賠，有時候小賺；但是就算短線賺了 30%，卻因為只敢投入一點點，只占總資金一小部分，獲利金額少得可憐，3 萬元賺 30% 也只有 9,000 元。我也曾想過，要是每次都能賺 9,000 元，1 個月操作個 10 次，不也能月入 9 萬元嗎？但問題就在於，我不知道這些股票為什麼會漲 30%，而且實現獲利之後，我也沒辦法持續複製上次賺 30% 的方法。

更有可能碰上的狀況是，A 股票賺 30% 賣掉換回現金後，去買 B 股票小賺 10%，賣掉後再拿去買 C 股票結果賠 15%，認賠後再買 D 股票結果腰斬……。每次都要思考怎樣停利才能賺多一點，怎麼樣停損可以少虧一點，假設經歷了 5 年或 10 年，然後總本金沒賺錢還虧錢，那不就白白浪費了這些時間？

想靠短線交易翻身致富，沒你想得容易

此外，短線交易、高頻交易，還要多承擔高額的交易成本。買進和賣出都需要手續費，賣出還有證券交易稅，就算每天只用 50 萬元的資金衝來衝去，1 個月買賣 20 次好了，也是有可能達到千萬元的交易量，要支付的稅費可能就高達好幾萬元。

所以後來當我發現，原來透過存股這樣的長期投資方式，可以穩定的為我賺進現金流後，我就決定好好發展它，當成我在本業工作之外的終身志業。

開始存股後，每天盤中的股價漲跌就變得不太重要了。這是因為，長期投資是透過持有股票成為出資給公司的

股東，只要持續增加股票的張數，每年等著領取公司做生意賺錢分配的獲利，錢就能愈滾愈大、股利愈領愈多。

就我接觸到的成功投資者而言，其實很少人一開始就找到最適合自己的股市賺錢方法，多半要先經歷初期的摸索與嘗試。摸索的過程中，白忙一場或是小賠一點還算是相對幸運的，最怕的是執迷不悟，只想以小搏大，最後還得面臨破產、負債的下場。

當然，市場上也有靠短線交易致富的投資人，1 天、1 週、1 個月，或是 1 季就能賺到比 5% 高出好幾倍的報酬率。記得 2021 年航運股很熱的時候，新聞報導有投資高手買賣航運股賺了好幾億元，還被封為「航海王」。我身邊也有朋友專門買強勢股、飆股，只要有獲利，資金就轉到房地產，收租當房東。

每年都有飆股誕生，每個參與交易的人也都想要抓住飆股的漲幅，翻身致富成為新股神，不過最後會發現哀號聲比股神多。我很欽佩那些交易高手，但交易高手終究只是鳳毛麟角，我很清楚知道自己絕對沒辦法成為他們，因為我沒有他們的勇氣，也自認學不會他們用的操作方法。

既然選擇存股，我很清楚自己擅長的不是「投機」，而是「投資」；我沒有在價格變動中賺價差的特技，但我擁有靠時間和耐心養大金雞母的能力。

投資是長期持有，投機要見好就收

「投資」與「投機」是完全不同的思維：

投資：是長期持有，參與市場，以獲取穩定配股、配息收入。

投機：要見好就收，掌握最佳時機買賣，以獲取最高報酬率。

正確的長期投資通常穩賺不賠、重壓大賺、輕壓小賺（當然還得買對股票，否則長期投資就變成長期套牢了）。比如有一檔股票我去年買 20 元，配息 1 元，除

表1 長線投資可享股利及股價長期上漲優勢
——長線投資vs.短線投機

項目	長線投資	短線投機
獲利來源	股利收入、公司價值成長帶動的股價長期上漲	股價漲跌之間的價差
持股時間	以年為單位	以分鐘、小時、日、週、月為單位
交易成本	較低	較高
換股頻率	較低	較高
致勝關鍵	選股策略、長期持有	有系統的投資策略、高勝率

息後價格變 19 元，我依然持續買入；今年股價跌到 18 元，配息 0.9 元，除息後價格變 17.1 元，我依然持續買入；過了幾個月股價漲到 24 元，預計明年配息 1.2 元，我依然持續買入……。

長期投資若能持續分批買入，就能買到長期均價，並享受到長期複利（詳見表 1）。雖然我不鼓勵新手把一大筆錢一次單筆投入，不過若你確定自己能堅持長期投資，想要一次買入然後就不管它，倒也不是不行，因為隨著每年的配股配息，原本投入的資金也會累積得愈來愈多。只要你還是這家公司的股東，就能持續地領取公司分配給你的獲利。

也有人會問，難道我不怕長期存股變成長期套牢嗎？說實話，我不知道什麼時候會有金融危機，我也不知道什麼時候會有大衰退。但是我相信台灣很多好企業會愈來愈好，國家的經濟長期會向上成長，當然過程中一定有波折，但是人類會不斷追求進步，而我不想錯過經濟成長的歷程。透過存股，我知道我可以一起參與經濟成長的果實。

學習有錢人的投資思維，把目光放長遠

其實當你涉獵愈多投資、理財的知識，你愈會發現，長期投資不僅相對簡單、踏實，也是有錢人管理財富時會使用的方式。

無論是什麼投資項目，資金只要沒有超過一定的程度，都會被稱為「散戶」；而在散戶當中，又可分為有找到獲利之道的散戶，以及一直徘徊在賺錢與賠錢輪迴中的散戶。

你身邊一定也有這種散戶，他們通常會以「天」來看收益，夢想小一點的，大概只希望透過每天的交易，賺到今天的便當錢、生活費；夢想大一點的，就希望每天賺 1 根漲停板，1 個月把本金翻 1 倍。說實在的，只要有嘗試過，就知道以上的夢想根本很難實現。

就算是再厲害的交易高手，也無法「每一次」都能精準的低買高賣，而且真正厲害的交易高手都很嚴格執行自己的一套交易、停損、停利策略，以期拉高勝率來賺取獲利。像我們這樣的普通人，買進和賣出都沒有策略，不敢停損也捨不得停利，交易頻率愈高，勝率反而愈低。如果你相信股票交易市場有所謂的 80 ／ 20 法則，80% 的錢會被 20% 的人賺走，那麼散戶通常不會是那 20% 的人。

愈窮困的人，看的時間維度愈短；愈富有的人，看的時間維度愈長。有錢人的投資，至少是按照「年」來計算的，他們不會追求透過投資讓每一天的錢都比前一天更多，但他們會盡力做到讓 10 年後的錢比此刻至少多 1 倍。

普通人若想要更接近有錢人的投資思維，最簡單的方法就是在投資過程中減少短期思維，盡量把目光放長遠。不要總想著自己的本金不夠，也不要想透過高頻交易讓資金翻好幾倍，靜下心來去認真思考並且認清事實，不斷的積累小勝，最終就能獲得大勝。有很多靠投資致富的人，也都是從少少的本金開始起步的，先努力把自己的投資能力提高，那麼賺到錢也就是自然而然的結果！

投資就像具有7大優勢的事業

長期投資可以當成一種事業，而且是能永續經營的賺錢事業，這項事業有以下優勢：

優勢1》進入門檻低

有多少閒錢就買多少股票，就算只有 1,000 元，也可以從買零股入手；1 檔股票的股價若是 25 元，1,000 元可以買到 40 股，也是一個很好的開始。

優勢2》無須店面

不用花錢租店面，用 1 支智慧型手機就能下單。

優勢3》不用看人臉色

自己就是老闆，不用花錢聘請員工，也不用對客戶低聲下氣。

優勢4》市場龐大

每日有上千億元成交量的市場，像是泛公股金控便是高流通性的好股票，不怕買不到、賣不掉。

優勢5》收入無限

買愈多股票，持有時間愈長，能領到的股利愈多，能賺到的錢沒有上限。

優勢6》永續經營

除非重大事件發生，否則只要股市有交易就能進場。

優勢7》工時短

下單只需要幾秒鐘，每週或每月下單一次，不會占用你太多時間。

買入好股票就像是聘請好員工，它們每年會自動幫你賺進現金，它們不會喊累，全年無休；請愈多員工，能為你賺的錢就愈多。

學習把投資當成一門事業長期經營，而不是如同買樂透般碰運氣的賭局，相信你買股票的心態將會從此豁然開朗！

3-4 存股初學者宜採集中持股策略

只要是人，都喜歡挖寶、血拼、瘋狂購物，而每個人購買的東西不一樣。有人喜歡物質上的滿足，像是房子、車子、家電、模型玩具、包包、3C 等；有人喜歡心靈上的滿足，像是美食、旅遊、進修、保養、按摩、運動等。而在股市裡，我曾經也是如此，把買股票當成逛大賣場血拼，看到這個也想買、聽朋友說哪個好也想買。

當初會想要買很多檔不同的股票，一開始是因為很多人說「雞蛋不要放在同一個籃子裡」，尤其是資金不夠多時，更要懂得分散持股才能分散風險。我當時聽到這個論點，覺得滿有道理的，因為剛開始投資，對很多股票都不是很了解，甚至連這家公司在做什麼產品都霧煞煞，想著萬一不小心挑到可能會變成壁紙的股票，若是只占總資金的一小部分，那就算踩到 1 個、2 個地雷，應該不至於會造成很大的影響。

所以在投資初期時，我都是這邊買一點、那邊也買一點，最多手上同時持有多達 20 檔股票。後來我發現，就是不了解自己買的股票，當股價下跌一天，還覺得會漲回來；連跌好幾天，就覺得恐懼，但又不敢認賠，跌愈深反而愈不敢面對，直到有天好不容易漲回來了，沒賺多少就趕快賣掉。這種買股票的方式，實在讓我身心靈都備感疲乏。

自己親身經歷過以後，我很清楚知道「分散持股、短線投資」並非適合我的路線；真正適合我的方式，是我目前採取的「集中持股、長線投資」。

上班族閒暇時間有限，建議持股組合勿逾5檔

持股組合要分散還是集中？一直是許多投資人爭論的話題，各有各的支持者，我只能說採取集中持股，對我自己來說是更有效的。

以前我分散持股時沒有賺錢，最主要的原因還是我亂選股，不了解所投資的股票，老是聽明牌亂買，所以無

論買再多檔都無法分散風險，因為每一檔的風險都很高。

後來開始認真研究投資時，我知道必須挑選出值得投資、風險相對低的好公司，但是閒暇時間有限，沒辦法花太多時間研究很多檔股票，在無法同時照顧多檔股票的狀況下，我規定自己的持股組合最多不要超過 5 檔。

開始投資的前 2 年（2018 年～ 2019 年），我都很有紀律的只買 3 檔金控股作為核心持股：合庫金（5880）、中信金（2891）、台新金（2887）；2020 年則只專心存合庫金與中信金。2021 年時，因為想布局非金融股產業，所以又額外買了台泥（1101）、聯華（1229）這 2 檔耳熟能詳的存股標的。

2021 年時，我還買了國泰永續高股息（00878）和國泰台灣 5G +（00881）這 2 檔 ETF。其中的國泰永續高股息，是投資於有永續概念的高股息個股，採取季配息，每季都能有現金流入。而選擇國泰台灣 5G +，則是想參與台灣主流的 5G（第 5 代行動通訊）產業，每半年配息 1 次，也可享有現金定期流入的好處。當時希望可以從多種產業增加股息來源，因此截至當年年底，我的股票帳戶裡同時有 7 檔持股。

但是到了 2021 年年底、2022 年，我發現自己在管理持股組合時有點吃力，採取集中持股在我熟悉的金融產業還是更讓我安心，因此又重新整理持股組合，截至 2022 年年底，只留下了 3 檔股票。

開始存股以來，我唯一沒有停止買進的是合庫金，它是我最主要的核心持股以及最重要的股息來源。就如同出社會工作一樣，有了主要的穩定收入，再考慮兼差、斜槓，發展第 2 項、第 3 項收入來源，會讓內心感到更加安定。尤其看著主要的金雞母產出的股利愈來愈多，所帶來的成就感也會化為鼓勵自己更努力存股的動力。

資金不夠充裕卻採分散投資，恐顧此失彼

集中持股最容易被質疑的就是個別風險，例如所投資的公司突然發生大事，那投資人擁有的股票不就化成一場泡影？其實我支持的集中持股不代表只能持有 1 檔股

表1 集中持股較可專心照顧所投資的股票
——集中持股vs.分散持股

項目	集中持股	分散持股
做法	持有少數幾檔最了解的個股	將資金分散到多種產業及個股
優點	可專心照顧手中持股	每檔持股占整體資產比重低，即使其中一檔個股出事，對整體持股組合影響也很小
缺點	需承擔無法預期的個別風險，若其中一檔個股出事，因持股占比高，對整體資產會產生較大衝擊	較無暇一一照顧所有持股
投資訣竅	深入了解其所處產業、營運模式、體質優劣，風險在可承擔範圍內的個股	因各產業景氣輪替時間不同，不僅要分散持股，更要分散產業；若無暇選股，投資追蹤大盤的ETF會是最不必煩惱的選擇

票，而是希望在有能力管理的範圍內，持有少數幾檔股票（詳見表1）。

投資人都很熟悉的股神巴菲特（Warren Buffett），早期也是採取集中投資策略，他在1993年波克夏（Berkshire Hathaway）年報「給股東的信」當中提及：

「我們相信集中持股可以降低風險，只要投資人在買進之前，提升自己對該公司認識的強度以及對其競爭優勢的認知。」

例如合庫金，它的資產規模排名全台灣前 10 大集團之一，更重要的是它身為泛公股銀行，且其業務主體合作金庫銀行是「大到不能倒」的銀行，有政府帶頭監督管理，風險已可控制一大半。就算真的發生系統性風險導致金融危機，我想最差的狀況也不至於面臨公司倒閉。

既然在選股時已經徹底研究過，並且選到了具備優勢的投資標的，那麼過度分散持股不見得有好處，反而會增加日後管理與追蹤的複雜度，我認為 5 檔是自己能夠適當管理持股組合的上限。

你可能會說，產業會輪動，持股當然要分散；但若資金有限，又採取分散持股，依我的經驗會遇到以下問題：

1. 遇到目前股市行情全都向下時，恐會變成持有 10 檔，5 檔暴跌、5 檔微跌；或是 3 檔暴跌、7 檔微跌……。每隻金雞母都在挨餓，資金卻只夠先餵 1 隻，將會成為投資人的一大困擾。如果選擇把能用的錢，平均分散加碼到每 1 檔，又會覺得很無感，感受不到低點加碼的效率，甚至有可能因為跌太慘，根本也不敢加碼，乾脆把股票都出清了。

2. 每年回顧所持有的多檔股票，通常是這個賺了，那個賠了。如果不夠了解所投資的股票，也不知道究竟該加碼賺錢的股票，還是賠錢的那幾檔，怎麼做都會後悔，讓日子過得更難受。

所以，當資金還不是很充沛的時候，先集中心力照顧好少數夠了解的股票，專心擴大資產，之後再來思考如何分散會比較實際。

當財富累積到一個程度，到時候你最重視的問題可能就不是擴大資產，而是如何守住資產及降低波動了；屆時需要做的資產分配，大概也不只是該買哪幾檔股票，而是還要配置債券、現金、不動產等多元資產，那又是另外一個課題了。

我開始設立臉書（Facebook）粉絲專頁後，經常會與有在投資的朋友互相交流。有次一位朋友請我幫忙看看他手上的持股有沒有問題，我發現他的持股統統是好公司，幾乎沒什麼問題，只是當問到他為什麼買手上這些股票？他說他也是這邊聽、那邊聽，然後這邊撿、那邊撿，變成好幾籃子不一樣的雞蛋。

我再問他：「你的股票裡，自己最懂哪一檔？最喜歡哪一檔？」

他說自己最懂〇〇〇、△△△。於是我建議他把其他股票都賣了，把收回的資金改買〇〇〇、△△△，先專心養大這 2 檔他最了解的金雞母。

這樣做不一定會賺到最多錢，但絕對能讓自己更安心；好好工作、定期定額養金雞母，每年都有穩定股利收入，日子過起來會更輕鬆。

大約 1 年後，我接到他的來電，說要請我喝咖啡。他說，還好有聽我的建議，遇到股市全面下跌時，他不用想要挑哪一檔加碼，專注原本的 2 檔就好，心情比以前更加踏實。

這就是集中投資的好處之一，資金少的時候，認真選好一個籃子，把它照顧好；隨著資金愈來愈多，再來規畫其他籃子都還來得及！如果你還是擔心害怕，很想分散投資，那麼或許存能帶給你市場平均報酬的 ETF，會更加適合你。

3-5 存對金控股 長期報酬率不止5%

金控股會受到廣大存股族的喜愛，無非是因為股價、獲利、股利都多半相對穩定，也就是說，它很難讓你在短期內賺到價差，你必須要慢慢存、長久的耕耘，才能體會到它帶來的報酬。

我在買進合庫金（5880）時，是以 5% 殖利率作為買進條件，也就是說，我希望每投入 100 萬元，它就能帶給我大約每年 5 萬元的現金流。但是在還不需要現金流的現階段，我會將股利再投入買股，以成為我累積財富的來源。

那麼，存金控股究竟能夠為投資人帶來多少獲利呢？每年報酬率如果只有 5% 會不會太少？針對這個問題，接下來我將以存合庫金為例，並分別從 2 個不同面向說明，你會發現，存對金控股，長期的報酬率其實並不只有 5%。

現金流》配息、配股能讓股息殖利率逐年提高

1.領現金股利＋將股票股利變現

多家金控股都會配發現金股利＋股票股利，但是大家看到現金股利不高，難免興趣缺缺。

以合庫金為例，前面有提過，如果只用現金股利計算當年度的殖利率，總是會低於 5%；但是假設買進 1 張合庫金，然後把領到的股票股利賣掉，加上現金股利後就會超過 5% 這個數字。至少從我 2018 年開始買進合庫金以來，將近 5 年都是如此。

就算是在 2022 年 4 月，花費 3 萬 1,500 元，用最高價 31.5 元買進 1 張合庫金，殖利率還是超過 5%。下方再複習一次算法：

2022 年合庫金是配發現金股利 1 元、股票股利 0.3 元，因此投資人可以領到 1,000 元、30 股零股。假設將這 30 股用除權息後最低價 23.4 元賣掉，變現 702 元，加上現金股利 1,000 元，共可獲得 1,702 元的現

金，再除以買進成本 3 萬 1,500 元，殖利率仍有 5.4%。

2.領現金股利＋保留股票股利

那麼，假設保留股票股利不賣，讓股數慢慢增加，殖利率又會有何不同呢？

我們可以直接用現金股利除以買進成本，算出每年的「股息殖利率」，也就是單純用我們支付的買進成本去計算現金股利帶來的現金流。包含合庫金在內，有多檔金控股都是同時有配股、配息，因為股票股利會讓我們的持有股數慢慢增加，股息殖利率也會在無形之中愈來愈高。

為了方便說明，接下來就以買進 1 張合庫金為例，看看第 1 年單筆買進 1 張合庫金之後，不賣掉股票股利，也不將股息再投入，每年的股息殖利率有什麼變化（詳見表 1）？

假設 2018 年合庫金除權息前，花費 1 萬 8,000 元（暫不考慮手續費），以每股股價 18 元買進 1 張（1,000

表1 持有1張合庫金5年，現金殖利率將逾6%
——以1萬8000元買進1張合庫金（5880）為例

領取年度	現金股利（元）	股票股利（元）	領取現金股利（元）	領取股票股利（股）	年底累積股數（股）	現金殖利率（%）
2018	0.75	0.30	750	30	1,030	4.17
2019	0.75	0.30	773	30	1,060	4.29
2020	0.85	0.30	901	31	1,091	5.01
2021	0.85	0.20	927	21	1,112	5.15
2022	1.00	0.30	1,112	33	1,145	6.18

註：1. 現金殖利率一律以「當年度領取之現金股利 ÷ 買進成本 1 萬 8,000 元 ×100%」計算；2. 本表試算不考慮手續費、匯費
資料來源：Goodinfo! 台灣股市資訊網

股）：

第 1 年：2018 年配發每股現金股利 0.75 元、股票股利 0.3 元，投資人可領到現金股利 750 元和股票股利 30 股，計算現金殖利率為 4.17%（現金股利 750 元 ÷ 買進成本 1 萬 8,000 元 ×100%）。

第 2 年：2019 年合庫金配發的股利與前 1 年完全相同，但是因為持有股數累積到 1,030 股，所以投資人可

以領到現金股利 773 元，股票股利 30 股，現金殖利率提升到 4.29%（現金股利 773 元 ÷ 買進成本 1 萬 8,000 元 ×100%）。

第 5 年：依此類推，到了 2022 年，除權息前的累積股數已到達 1,112 股，這年配息 1 元，投資人可領到現金股利 1,112 元，除以買進成本 1 萬 8,000 元，現金殖利率提高到 6.18%（現金股利 1,112 元 ÷ 買進成本 1 萬 8,000 元 ×100%）。

可以看到，愈早買，就能多參與 1 年的除權息，因為股數增加，且公司也因維持獲利成長，持續配發穩定的股利，就能讓投資人領到的股利愈來愈多。假設你的目標是 10 年要達成股息 100 萬元，花費的時間就是 10 年，代表在第 11 年之後，每年都有百萬元股息。晚 1 年達成，你就會少領到 100 萬元股息；晚 2 年達成，你就會少領 200 萬元股息⋯⋯。

這也是為什麼我說，只要是閒錢就是要持續養大金雞母，前面幾年或許很慢，但我們要的是最終結果，以終為始，愈早開始累積，後面就愈快達成。

資產成長》逾半金控股近10年報酬率勝大盤

針對資產成長的面向，則可用報酬率來觀察，所謂的報酬率就是指成長的幅度。當你的資金從 100 萬元成長到 110 萬元，報酬率 10%，代表你的資金成長了 10%。

我知道滿多人對於金控股有一種刻板印象，就是股價很少有大漲的驚喜，報酬率也經常不如大盤（台灣加權股價指數），感覺金控股總是走自己的路。

其實，如果算進配股、配息，並且將股息再投入，那麼觀察過去 10 年含股利的總報酬，你會發現有超過半數的金控股表現是勝過大盤的（詳見表 2）。

我們先來看大盤，如果不計股利，過去 10 年從 2012 年年底的 7,699.5 點漲到 2022 年年底的 1 萬 4,137.69 點，累積報酬率是 83.62%。

而單純看 14 檔金控股的股價，不計股利的報酬率，在過去 10 年的表現確實全部不如大盤，下方以我有投資的民營金控富邦金（2881），以及 4 檔泛公股金控——合庫金、第一金（2892）、兆豐金（2886）、華南金（2880）為例：

1. 富邦金：從 35.1 元到 56.3 元，上漲 60.4%。
2. 合庫金：從 16.35 元到 26 元，上漲 59.02%。
3. 第一金：從 17.7 元到 26.5 元，上漲 49.72%。
4. 兆豐金：從 22.6 元到 30.35 元，上漲 34.29%。
5. 華南金：從 16.8 元到 22.45 元，上漲 33.63%。

上述 5 檔金控股不計股利的報酬率雖然不如大盤，但若是算進股利，就有很大的不同了，因為股利也是長期投資者獲利的一部分，所以沒有道理只看股價的變化而忽略股利。

同樣是過去 10 年的期間，計入股利的台灣加權股價報酬指數，其累積報酬率是 165.96%，而 5 檔金控股含股利的總報酬率則分別為：

表2 8檔金控股含股利報酬率贏過大盤
──金控股及台灣加權股價指數近10年報酬率

股名	股號	累積報酬率		年化報酬率	
		不含股利（%）	含股利（%）	不含股利（%）	含股利（%）
玉山金	2884	48.00	**296.21**	4.00	**14.76**
合庫金	5880	59.02	**231.63**	4.75	**12.74**
第一金	2892	49.72	**216.61**	4.12	**12.22**
富邦金	2881	60.40	**186.81**	4.84	**11.11**
華南金	2880	33.63	**186.72**	2.94	**11.11**
永豐金	2890	34.54	**184.38**	3.01	**11.02**
台新金	2887	30.74	**184.37**	2.72	**11.02**
開發金	2883	65.79	**172.73**	5.19	**10.55**
中信金	2891	28.86	158.18	2.57	9.95
元大金	2885	45.15	148.57	3.80	9.53
兆豐金	2886	34.29	130.80	2.99	8.72
國泰金	2882	26.98	118.70	2.42	8.14
國票金	2889	13.23	116.89	1.25	8.05
新光金	2888	7.08	53.86	0.69	4.40
台灣加權股價指數		83.62	165.96	6.27	10.28

註：資料時間為 2012.12.28 ～ 2022.12.30
資料來源：XQ 全球贏家、台灣證交所

1. 富邦金：186.81%。
2. 合庫金：231.63%。
3. 第一金：216.61%。
4. 兆豐金：130.8%。
5. 華南金：186.72%。

在 4 檔泛公股金控當中，有 3 檔都贏過大盤；再看所有 14 檔金控股，當中共有 8 檔總報酬率贏過大盤，由高至低分別是玉山金（2884）、合庫金、第一金、富邦金、華南金、永豐金（2890）、台新金（2887）、開發金（2883）。

將股利再投入，可加速累積財富

若是再換算為年化報酬率，大盤含股利的年化報酬率是 10.28%，富邦金和 4 檔泛公股金控則分別為：

1. 富邦金：11.11%。
2. 合庫金：12.74%。
3. 第一金：12.22%。

4. 兆豐金：8.72%。
5. 華南金：11.11%。

累積報酬率和年化報酬率各代表著什麼意思？以合庫金為例，過去 10 年累積的總報酬率為 231.63%，代表著若你在 2012 年年底花 100 萬元投資合庫金，並將股利再投入，那麼到了 2022 年年底，你一共能賺到 231 萬 6,300 元。

而合庫金過去 10 年的年化報酬率為 12.74%，這又是什麼意思？代表著若你在 2012 年年底投入一筆錢，並將股利再投入，則 10 年以來這筆錢平均以每年 12.74% 的幅度向上成長。

當年化報酬率高一點，財富成長的速度當然就會更快一些。學習理財時，大家應該都有聽過所謂的「72 法則」，也就是用年化報酬率去快速換算本金翻 1 倍的時間。例如，年化報酬率 8%，將 72 除以 8 得到 9，意思就是資產以年化報酬率 8% 成長，這筆資產大約 9 年可以翻 1 倍；依此類推，年化報酬率 10%，資產約 7.2 年翻 1 倍；年化報酬率 12%，資產約 6 年翻 1 倍。

我想 8% ～ 12% 的年化報酬率已非常令人滿意了，就算真的只有年化報酬率 5%，大約 14.4 年也能讓資產翻 1 倍。

還有，記不記得我們前面文章所試算的，如果計畫存到資產目標 1,000 萬元，一共要花幾年（詳見 1-3）？當時的試算條件是假設當下可用於投資的閒錢有 80 萬元、未來每月可投資的資金有 6,000 元、年化報酬率 6%，則需要大約 29.3 年才能達到所設定的資產目標 1,000 萬元。

然而，若年化報酬率能有 12%，在其他條件相同的情況下，存到 1,000 萬元的時間就可以減少到 18 年以內。

那麼為什麼不乾脆投資長期年化報酬率 20%、30%、50% 的股票？因為很少有公司能保持長期的高成長，要找到這樣的股票不容易；就算找得到，也得承擔相對高的風險。我們既然要長期、穩當的存股，還是得謹慎挑選能夠安心長抱的好公司股票比較實際。要是真的懶得選股，那麼投資能獲得大盤平均報酬的 ETF（指數股票型基金）也是不錯的選擇。

像我自己雖然很樂於計算每年能領到多少股利，不過因為我目前還不需要靠這筆現金流過生活，所以會把股利再拿去買股，股息不間斷再投入，才會有複利的效果，讓我的財富繼續向上成長。等到累積了足夠的財富並且退休後，即使不再投入新資金，也能單純靠著現金流過日子了。

3-6 有賺錢的公司不一定會配發股利

股利是公司把賺來的錢分給股東，每家公司配發的股利多寡不同，有的公司甚至會出現股利高於每股盈餘（EPS）的狀況，有的公司則根本沒有配發股利，為什麼會這樣？

先說重點，配不出股利的狀況有 3 種：

1. 當年虧損。
2. 當年有賺錢，但之前累積虧損太嚴重，用當年獲利彌補先前虧損後，錢不夠分配股利。
3. 當年有賺錢，但帳上的未實現損失大於未分配盈餘。

股利是由公司每年視前 1 年度的營運成果，來決定要不要配發、要配多少。虧損的公司，當然沒辦法配發股利；而賺錢的公司，也不見得會配很多給股東，因為當公司還在成長階段，會需要留下較多的錢，作為未來擴充產能、拓展事業所使用。

至於業務比較穩定、發展得較為成熟的公司，則比較會從獲利當中配發較多的錢給股東，但也不會是「賺多少，配多少」。

我們來看一下股利是怎麼來的：

公司配發股利的前提是有可分配盈餘

一家公司辛苦營運一整年賺到的錢，繳完稅金後稱為「稅後淨利」或「稅後盈餘」，假設是 1,000 萬元，就得依法律規定提列 10%，即 100 萬元，作為「法定盈餘公積」（保險業要撥出 20%、銀行業要撥出 30%）。

法定盈餘公積是為了要強制公司從每年的獲利中，提出一筆錢先存起來，如果日後產生虧損，就可以用來填補虧損，之後也可以在一定的條件下作為發放股利的來源之一，直到公司累積的法定盈餘公積金額達到跟實收資本額相同，才可以不必再提列（詳見圖 1）。

圖1 股利來自公司的盈餘

公司分配盈餘的過程

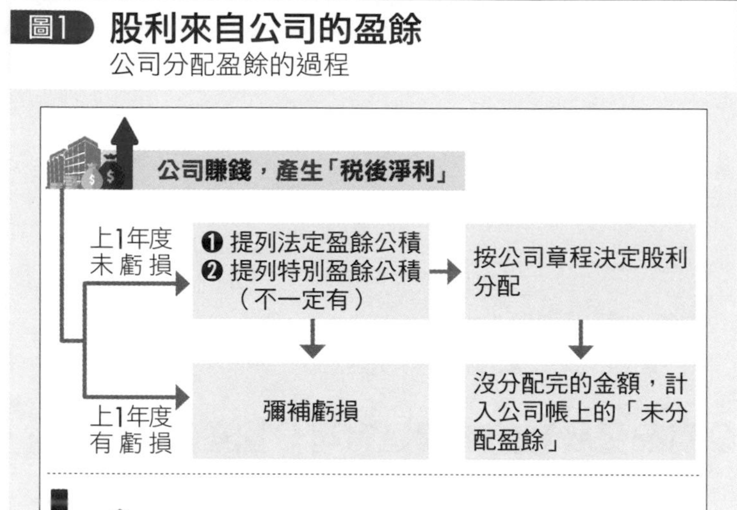

而如果一家公司當年度虧損，假設是 200 萬元，那麼這年就可以不用提列法定盈餘公積；不過到了下一年度，若公司賺了 1,000 萬元，那這 1,000 萬元就要先撥 200 萬元去彌補上一年度的虧損，再從剩餘的 800 萬元去提列 10% 的法定盈餘公積。

除了法定盈餘公積，還有另一種為了特定用途而預留

若公司帳上有未實現損失，須提列特別盈餘公積

金管會依《證券交易法》第 41 條規定提列特別盈餘公積之令，規定公司若有「其他權益減項淨額」，例如持股因股價下跌造成的帳面損失、使用避險工具的損失、海外子公司財報由外幣換算為本國貨幣產生的差額、重估增值等，公司就必須從淨利提列相同數額的特別盈餘公積，此筆金額不得分派為股利。

以下為《證券交易法》第 41 條內容：「主管機關認為有必要時，對於已依本法發行有價證券之公司，得以命令規定其於分派盈餘時，除依法提出法定盈餘公積外，並應另提一定比率之特別盈餘公積。已依本法發行有價證券之公司，申請以法定盈餘公積或資本公積撥充資本時，應先填補虧損；其以資本公積撥充資本者，應以其一定比率為限。」

的「特別盈餘公積」，公司可以透過訂定公司章程，或是開股東會來決定要不要提列。還有，根據金管會的規定，當公司結算帳上有未實現的損失，就必須提列相同金額的「特別盈餘公積」，以免被當成股利配出去（詳見延伸學習）。

簡單來說，公司當年度所提列的「法定盈餘公積」和「特別盈餘公積」，都是不能夠配發給股東的，提列這兩筆盈餘公積後剩餘的金額，才可以作為當年分配股利的用途。

而在配發股利之後，最後剩餘下來沒有配發出去的部分，就會成為「未分配盈餘」，留在公司帳上，作為日後分配盈餘的來源。未分配盈餘連同法定盈餘公積、特別盈餘公積，合稱為保留盈餘，有在正常運作且維持獲利的公司，財報上的保留盈餘金額，都會是一直持續增加的。

有些公司會出現配發的股利高於 EPS 的狀況，例如 EPS 是 3.9 元，卻配發了 4 元的現金股利，多出的 0.1 元，常常就是從累積的未分配盈餘所配出來的。

由於當年度盈餘沒有配出的部分，公司會需要繳 5% 的未分配盈餘稅，因此已經發展成熟的公司若沒有需要用到大筆金錢的投資計畫，就會覺得與其留太多錢在公司，不如配發給股東，故盈餘分配率也普遍較高，像是電信三雄中華電（2412）、台灣大（3045）、遠傳（4904）就是很標準的例子。

每家公司都會在公司章程中寫明股利政策，有興趣的讀者可以透過公開資訊觀測站查詢「公司股利分派情形」，除了能看到該公司最新宣布的股利，也能看到公司章程中關於股利分派的摘要內容（詳見圖解教學）。

例如合庫金（5880）的股利政策為：

「本公司為持續擴充規模與增加獲利能力，並兼顧相關法規，採取剩餘股利政策。本公司每年度決算如有稅後盈餘時，應先彌補累積虧損後，再提法定盈餘公積，並得依法令規定及業務需要提列或迴轉特別盈餘公積，剩餘部分連同以前會計年度未分配盈餘為可供分配盈餘，就可供分配盈餘提撥百分之 30 至 100，由董事會擬具盈餘分配議案，提請股東會決議分派股東股利或保留之。前項股東股利之分派，其中現金股利不低於百分之 10，其餘為股票股利。倘每股分派現金股利不足 0.1 元時，除股東會另有決議外，不予分派。」

簡單來說，在依法提列 2 項盈餘公積後，合庫金會從可分配的盈餘當中提出 30% ～ 100% 來分配。而所分配的股利當中，現金股利不會低於 10%；若是計算出每股能分配的現金股利不足 0.1 元，則可能不會分配股利。

再以另外 3 家泛公股金控來看，華南金（2880）、第一金（2892）都與合庫金的股利政策幾乎一樣。兆豐金（2886）也同樣寫明會從當年度可分配盈餘當中提出 30% ～ 100% 來分配，但現金股利占總股利的比重則是不低於 50%，可以看出兆豐金是相對較偏重現金股利的類型。

在富邦金（2881）的公司章程中，有寫明會從當年度可分配盈餘當中，至少提出 20% 來分配；國泰金（2882）則是最低 30%。2 家壽險型金控的現金股利占總股利的比重也是不低於 10%。

最後來看我的衛星持股裕融（9941），其公司章程中指出會從當年度可分配盈餘當中至少提出 50% 來分配，現金股利占總股利的比重則是不低於 20%。有興趣的讀者也可以查詢看看，可藉此觀察公司配發股利的狀況是否真的都有按公司章程行事。

2008年金融海嘯，只有4檔金控股配發股利

照理說，有賺錢的公司，多多少少都應該要配得出股利，不過 2022 年卻出現了令存股族心驚膽戰的報導，像是「半數金控明年恐發不出股利」、「金融股恐配不出息」、「金融存股恐變存骨」等相關的新聞標題。

原因在於許多金融業公司持有大量股票和債券，然而 2022 年股市和債市雙雙下跌，讓這些公司帳上出現了未實現的損失（還沒有賣出，但因為持有的股債價格下跌導致帳上有虧損，因此稱為未實現損失），再加上保險公司因防疫險鉅額理賠帶來的虧損，難免讓存股族擔心所存的股票隔年配不出股利。

就以我的第 2 檔核心持股富邦金來說，成立 21 年以來，還真有 1 個年度沒有配發股利。當時是因為 2008 年發生金融海嘯，全球金融業無一倖免，獲利、股價全

都受到衝擊。

2008 年雖然富邦金稅後還是有賺了約 108 億元，不過隔年並未配發股利。現在還可以搜尋到 2009 年的相關新聞——「卡優新聞網」一篇標題為「富邦金盈餘達 108 億　因未實現損失將不配息」的報導就寫得很清楚：

「國內首家跨足對岸經營銀行的富邦金控，今日（2009 年 3 月 10 日）下午召開法人說明會，儘管受到金融海嘯影響，去年（2008 年）稅後盈餘仍高達 108 億 1,100 萬元，每股盈餘 1.4 元，但確定今年（2009 年）不配發股息。

富邦金控總經理龔天行表示，因為 34 號公報重分類，以及旗下產險、壽險都有未實現損失，因此將提列特別盈餘公積，今年確定無法發股息，將是富邦金控成立以來，首度出現的狀況。」

2009 年宣布不配股利的不僅有富邦金，多數金控股都是如此。事實上，當年有配出股利的金控股只有 4 檔，分別是 3 檔泛公股金控華南金、兆豐金、第一金，以及

表1 遇金融海嘯仍配股利金控股都屬銀行型
——2008年4家配股利的金控名單

股名(股號)	EPS(元)	現金股利(元)	股票股利(元)	性質
華南金(2880)	1.50	0.70	0.30	泛公股銀行型金控
兆豐金(2886)	0.02	0.25	0.00	泛公股銀行型金控
第一金(2892)	1.20	0.50	0.25	泛公股銀行型金控
中信金(2891)	1.51	0.18	0.32	民營銀行型金控

註：1.2008 年為股利所屬年度；2. 股利四捨五入至小數點後第 2 位
資料來源：公開資訊觀測站

民營金控中信金（2891），它們都是銀行型金控（詳見表 1）。至於合庫金是在後來的 2011 年成立，不在上述名單內。

類似的狀況近年也發生在壽險股中壽身上。中壽的公司名稱為「中國人壽保險公司」，成立於 1963 年，1995 年上市，直到 2021 年被開發金（2883）購併下市。在 2018 年時，中壽也出現「未實現損失高於未分配盈餘」的狀況，因此 2019 年宣布不配股利，相信不少存股族都印象深刻。

其實保險業是比較特殊的產業，獲利除了來自銷售保單的收入，還有收取保費後投資於股票、債券、不動產等收益（包含股息、債息、租金收入、賣掉資產獲得的價差收益等），以及放款所賺取的利息等，透過長期持有能生息、增值的資產，確保未來有能力賠付保險金給保戶。

正因為保險公司承擔著未來要支付理賠金給保戶的責任，得要維持穩定健康的財務結構，才不會損及保戶權益；也因此政府對保險業的監督愈來愈嚴格，還曾喊話要保險業「厚實資本」、「少配現金股利」。

未實現損失高於未分配盈餘，恐配不出股利

回頭來看 2022 年市場對於金融業配不出股利的擔憂，由於多家公司在當年第 2 季、第 3 季的財報，都出現未實現損失高於未分配盈餘的狀況，如果 2022 年全年財

報結算後仍是如此，那麼股東還真的得有領不到股利的心理準備。

其中以富邦金而言，根據 2022 年 11 月下旬《中央社》的報導，富邦金法說會有提到，截至 2022 年第 3 季，公司的未分配盈餘為 3,900 多億元，扣除要提列為特別盈餘公積（即未實現損失的部分，按金管會規定須提列為特別盈餘公積）約 2,740 億元，還有超過千億元可用於分配股利（詳見表 2）。

同樣截至 2022 年第 3 季，還有 6 家金控的未分配盈餘是高於未實現損失的，包括元大金（2885）、兆豐金、台新金（2887）、第一金、永豐金（2890）、中信金等；2023 年到底能不能配得出股利，要等全年財報出爐，經由公司決議才能確認。

另外，2026 年台灣將接軌國際財務報導準則第 17 號「保險合約」（IFRS 17），未來保險公司的獲利要逐期認列，但是損失要立刻認列；且早年銷售的高利率保單，後來因為市場利率大幅下降，使得保險公司必須多提存

表2 **富邦金約有1221億元可用於分配股利**
——2022年前3季未分配盈餘＞未實現損失之金控

股名（股號）	稅後淨利（億元）	未分配盈餘（億元）	其他權益（億元）	未分配盈餘扣掉其他權益剩餘金額（億元）
富邦金（2881）	837	3,961	-2,740	1,221
元大金（2885）	196	720	-134	586
兆豐金（2886）	137	544	-177	367
第一金（2892）	164	289	31	320
中信金（2891）	322	1,222	-1,128	94
永豐金（2890）	129	264	-174	90
台新金（2887）	83	104	-98	6

註：1. 資料時間為 2022.Q1 ～ Q3；2. 表中金額四捨五入至億元；3. 稅後淨利為歸屬於母公司業主淨利
資料來源：公開資訊觀測站

準備金，這就會導致保險公司出現帳上的負債增加、影響財務結構的狀況。

因此為了降低可能的衝擊，近年政府除了希望保險業多充實資本，包括現金增資、發股票股利、少發現金股利等，還要求公司提列多種項目的特別盈餘公積，就是為了先盡量累積壽險公司的淨值，讓資本更厚實。

像是金管會就規定，2019 年起壽險業賣掉未到期債券的獲利，要按照未到期的年數分期攤銷。例如賣掉某張還有 10 年到期的債券，當年也只能先將其中 10% 算進可分配的盈餘。這個規定也是為了防止壽險公司過度分配股利，影響日後的財務健全程度。

對於存股族來說，如果還有其他收入，就算有 1 年因為某檔股票領不到股利，可能還不會有太大影響；但若是靠股利過活的人，且都是單買同一檔股票，那就要承受現金流可能斷炊的風險了。因此如果想要避免這種事發生，可以考慮不要單壓同一檔股票存股，尤其是靠股利生活的退休族，更要特別留意這類風險。

圖解教學 查詢公司股利政策

想知道公司的股利政策，可以透過公開資訊觀測站查詢。此處以合庫金（5880）為例：

進入公開資訊觀測站（https://mops.twse.com.tw/mops/web/index），點選❶「股東會及股利」，再選擇❷「股利分派情形」。

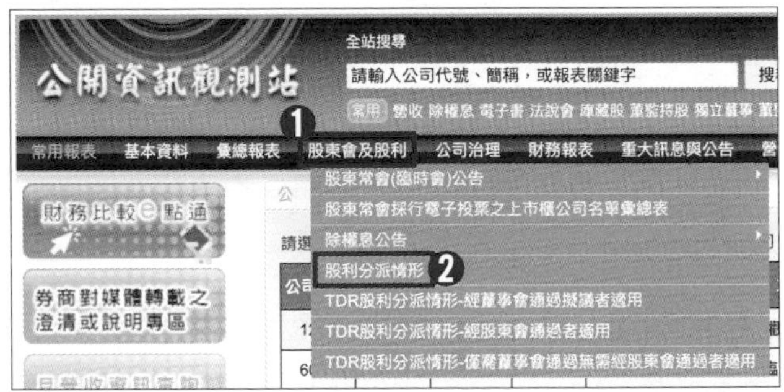

頁面跳轉後，假設想查詢合庫金最新股利政策，可於❶「公司代碼或簡稱」欄位輸入公司簡稱「合庫金」或股號「5880」。若有特定期間想查詢，也可於下拉選單中點選❷「歷史資料」，再於❸「年度」欄位輸入年份，接著便可按下❹「查詢」按鈕。

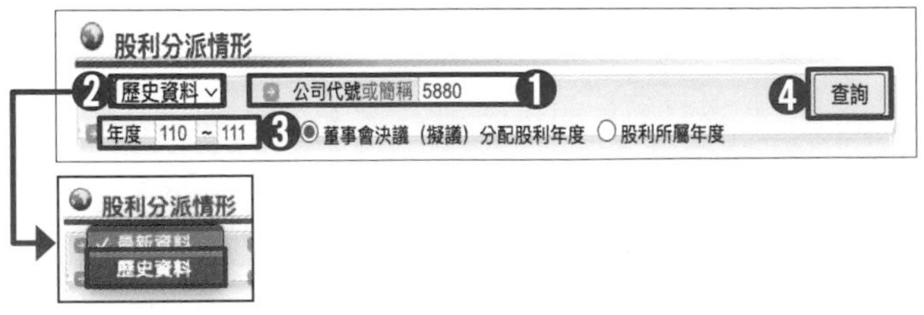

畫面中會顯示最新的股利分派情形表格，將網頁右滑至❶「摘錄公司章程-股利分派部分」的欄位，即可看到該公司的股利政策內容。

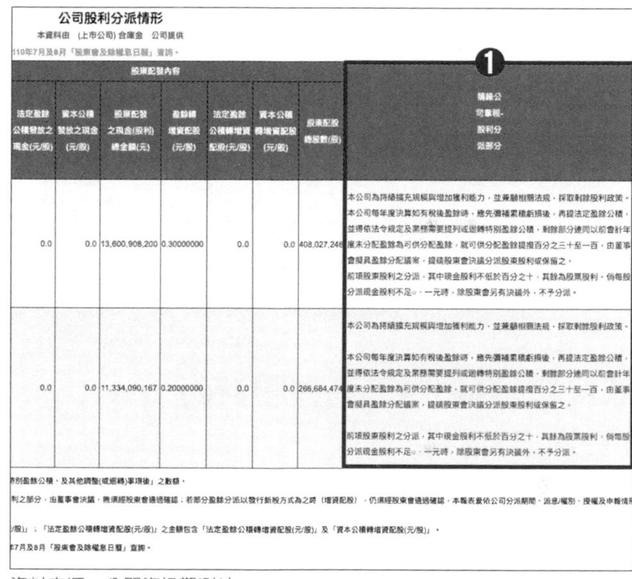

公司股利分派情形

本資料由 (上市公司) 合庫金 公司提供

110年7月及8月「股東會及除權息日曆」查詢。

股東配發內容							
法定盈餘公積發放之現金(元/股)	資本公積發放之現金(元/股)	股東配發之現金(股利)總金額(元)	盈餘轉增資配股(元/股)	法定盈餘公積轉增資配股(元/股)	資本公積轉增資配股(元/股)	股東配股總股數(股)	摘錄公司章程-股利分派部分
0.0	0.0	13,600,908,200	0.30000000	0.0	0.0	408,027,246	本公司為持續擴充規模與增加獲利能力，並兼顧相關法規，採取剩餘股利政策。 本公司每年度決算如有稅後盈餘時，應先彌補累積虧損後，再提法定盈餘公積，並得依法令規定及業務需要提列或迴轉特別盈餘公積，剩餘部分連同以前會計年度未分配盈餘為可供分配盈餘，就可供分配盈餘提撥百分之三十至一百，由董事會擬具盈餘分配議案，提請股東會決議分派股東股利或保留之。 前項股東股利之分派，其中現金股利不低於百分之十，其餘為股票股利，倘每股分派現金股利不足。一元時，除股東會另有決議外，不予分派。
0.0	0.0	11,334,090,167	0.20000000	0.0	0.0	266,684,474	本公司為持續擴充規模與增加獲利能力，並兼顧相關法規，採取剩餘股利政策。 本公司每年度決算如有稅後盈餘時，應先彌補累積虧損後，再提法定盈餘公積，並得依法令規定及業務需要提列或迴轉特別盈餘公積，剩餘部分連同以前會計年度未分配盈餘為可供分配盈餘，就可供分配盈餘提撥百分之三十至一百，由董事會擬具盈餘分配議案，提請股東會決議分派股東股利或保留之。 前項股東股利之分派，其中現金股利不低於百分之十，其餘為股票股利，倘每股分派現金股利不足。一元時，除股東會另有決議外，不予分派。

特別盈餘公積、及其他調整(或迴轉)事項後」之數額。

利之部分，由董事會決議，無須經股東會通過確認；若部分盈餘分派以發行新股方式為之時（增資配股），仍須經股東會通過確認，本報表爰依公司分派期間、派息/權別、授權及申報情形

/股)」；「法定盈餘公積轉增資配股(元/股)」之金額包含「法定盈餘公積轉增資配股(元/股)」及「資本公積轉增資配股(元/股)」。

年7月及8月「股東會及除權息日曆」查詢。

資料來源：公開資訊觀測站

3-7 遇到3狀況 才考慮出脫手中持股

對於「投資」與「支出」，我一向切割得很清楚，投入在股市的錢，一向是只進不出，從不會因為要玩樂或購物而賣股票。除非是出現以下狀況，否則我不會考慮輕易出脫手中的股票：

狀況1》轉換為其他實體資產

既然選擇投資，就是為了要增加手中資產的價值。而現金缺乏增值能力，反而會隨著物價上漲而逐漸貶值，所以透過投資，可以有效的將現金轉換為有增值能力的資產，故即便真的需要賣股票時，我也一定會是「用資產換資產」。

當我需要取得另一項資產，但手上沒有這麼多資金的時候，我就會賣掉部分股票資產以獲得資金，用來取得想要的另一項資產。

例如我在 2015 年購買房子，到了 2022 年 9 月時，房貸餘額還有 380 萬元，於是我賣出了大約等值金額的部分股票，將房貸結清，相當於將股票資產轉換成房屋資產。

存股因為需要比較長的時間累積，因此適合用來滾出較大筆、較不那麼急迫使用的資金，像是退休金、幫子女預存 10 多年後需要的教育費等。

至於房屋頭期款是否適合用存股方式來累積？由於我較早買房，且地點位於桃園，所以頭期款不到 100 萬元，單純靠儲蓄就能夠存到需要的款項；不過如果需要的房屋頭期款金額較高，那麼用存股來累積房屋頭期款，確實會是個不錯的方法，因為比起把錢存在銀行定存，擁有較高報酬率的股票，市值上升的速度也會快上許多。

當存股市值到達足以支付房屋頭期款的程度時，就可以將手中的部分股票資產賣出以用來買房；剩餘的股票資產，則繼續留著領股息，股息無論要再投入買股或是用來支付部分房貸都可以。這樣到了退休時，不但能擁有可居住的實體房屋資產，手中的股票資產也能繼續為你生息。

狀況2》調整持股組合

存股過程中會遇到賣股票的情況，最常見的就是為了調整持股組合。雖然我鼓勵大家選好了股票，買進後就不要賣出，但是很少有人自始至終都沒有改變持股組合，有可能是因為對持股的喜好改變，也可能是發現更好的標的而想加以調整。

我自己的組合就曾換過幾次，像是 2021 年時我最多持有了 7 檔股票及 ETF，但後來為了集中存核心持股合庫金（5880），於是又把部分衛星持股賣出，只留下 3 檔持股。

我自己在更換持股時，幾乎都是在同一天完成轉換的動作，也就是賣掉 A 股票時，當天一定會用同一筆錢把想要的 B 資產買進來，這樣比較不會有賣股票的感覺，而僅僅是做資產的轉換。

狀況3》出清不夠了解的標的

台股其實有不少值得投資人長期存的好股票，再加上資訊發達，相信大家心中都有很多口袋名單。這些股票分布於各大產業，也各有特色，不過最後你會願意留在身邊的，通常還是那些你最了解，也最能讓你感到安心的股票。

像我 2021 年時買入的衛星持股聯華（1229），這家公司原名為「聯華實業股份有限公司」，本業是麵粉廠。2019 年時轉型為控股公司，名稱也改為「聯華實業控股股份有限公司」，以持有股權的方式，控有旗下的製粉事業、電子產品服務事業（神通電腦、神通資訊）、投資事業、租賃事業等；同時還有業外的轉投資事業，包括台灣最大的工業氣體廠聯華氣體（與德國 Linde Group 合資），以及石化業的聯成（1313）等。其中，聯華氣體是聯華的主要獲利來源。

當時選擇這檔存股，主要是因為我想增加非金融產業的持股，而聯華的獲利與股利也算穩定，2020 年宣布配出 1.6 元的現金股利與股票股利，2021 年則宣布配出 1.7 元現金股利、1 元股票股利。我 2021 年 4 月下旬除息後陸續買入，平均成本大約 50 元，並參與了當年 9 月的除權。

持有聯華期間，股價持續上揚，最高在 2022 年 3 月 3 日漲到 74 元，接下來就開始下跌（詳見圖 1）。到了 2022 年 3 月 9 日下午，聯華宣布 2021 年全年每股盈餘（EPS）達 2.92 元，優於 2020 年的 2.43 元，也優於 2018 年和 2019 年 EPS 表現，但是股利卻沒有想像中優渥，只宣布配發 1.8 元現金股利、0.5 元股票股利。隔天 3 月 10 日，聯華股價繼續跌，照理說，存股的股票愈跌，愈應該加碼才是，但是在 3 月之後，我就陸續在 65 元左右出清。

我沒有選擇加碼而是出清，一方面是因為對於持有過多股票已經感到難以管理；另一方面則是因為聯華的獲利長期來看雖然還算穩定，但它轉投資的聯成主要生產可塑劑、聚氯乙烯（PVC）、苯酐（PA）等石化產品，位於塑化產業的中游，業績深受原料報價以及終端需求

圖1 聯華2022年3月漲至74元後一路下跌

聯華（1229）週線圖

註：資料時間為 2020.10.12～2023.01.16　　資料來源：XQ 全球贏家

影響。

若是單看聯成的獲利表現，可說是時好時壞，也進而牽動了聯華的獲利與股價表現，我不太喜歡這種不穩定的感覺。再加上聯華旗下事業涉足產業多，遍布於食品、工業氣體、電子產品服務等多項產業，對我來說還是太複雜了。我發現自己沒辦法安心加碼，因此出清對我來

延伸學習　用台股記帳 App 管理股票資產

剛開始存股可能不會特別想為股票記帳，但是我強烈建議大家在存第 1 張股票時就要開始記，因為各家券商 App 計算成本的方式都不太一樣，時間一久或經歷配股、配息後，很可能會搞不清楚成本到底是多少、真正的報酬又是多少。

我自己是使用 iOS 版的「台股記帳本」App，每次的交易紀錄我一定會在當天輸入 App，如此一來將會非常清楚自己目前的資產已投入多少成本，以及持有資產的實際成本等狀況。

使用 App 的好處是，由於多數人都有智慧型手機，因此不用透過電腦製作複雜的表格，只要將當天購買的標的、股數與價格輸入 App，你的持有成本就會非常清楚。而且我們養的金雞母未來肯定有配息，無論是配發現金或是配發股票，只要自行輸入配息日期跟配息金額，App 就會按照你的持有股

說會是更好的選擇。

當時我也正好想要加速把 500 張合庫金存滿，因此出清聯華後的資金，我也同樣秉持著「資產換資產」的原則，全數拿來買入核心持股合庫金。

數自動顯示正確的金額。

或許投資新手會覺得投資的部位很少，不需要特別檢視或管理，但是我建議，既然要學習投資，就要清楚知道自己的資產狀況。核心持股通常不會轉換，衛星持股則可能會視情況調節，無論你的資產未來要轉換或需要重新配置，搞清楚自己的成本，你會更清楚知道自己該如何配置資產。

欲使用台股記帳 App，可掃描下方的 QR Code，或輸入網址下載：

iOS 版	安卓版
台股記帳本	**台股股票記帳**
https://lihi2.cc/0H0Dh	https://lihi2.cc/dAqnV

頻繁更換持股恐打壞存股計畫

最後還是要提醒，存股族最好不要常常轉換持股，否則即使打定主意要持股，卻容易因為存到根本不適合自己的股票而打壞了存股計畫。

例如明明個性保守，卻去存股價波動很大的股票，大概存 2 週就因為股價短時間波動 20% 而嚇得把股票全賣了；或是個性偏積極，卻去投資股性很平穩、1 個月漲跌幅度不超過 5% 的公司，這種狀況也可能存沒多久就會放棄。

與我聊過的網友與朋友至少超過百人，我可以很明確的說，通常面臨手中一堆莫名其妙股票的人，都是因為只是跟風投資，或者根本不認識自己的個性而胡亂投資。亂投資的缺點就是會頻繁的轉換持股，而頻繁換股則會增加交易成本，這對長期投資的報酬率也是一種傷害。

想要減少換股的次數，最重要是在選股階段就要盡量精挑細選，先好好認識你想投資的公司性質、股性、營運狀況、獲利與配息狀況等，再根據自己個性去養大屬於自己的金雞母，這樣做一定會對你有很大的幫助（詳見延伸學習）。

3-8 新手存股 務必遵守3大守則

新手存股最常見的問題，就是無法堅定地持有股票。

由於每檔股票都有各自的週期性和規律性，因此總會遇到別的股票漲了好幾天，但偏偏自己的股票就是文風不動或下跌的狀況。一旦心態不夠堅定，就會認為自己正在存的股票不夠好而想要賣掉，改存另一檔股價正在上漲的股票。而當自己存的股票上漲了，就會想要賣掉賺點價差，打算等它下跌之後再買回來，從原本說好的存股，變成不斷的交易，而頻繁交易正是初學者存股的大忌。

在上述情況下，當操作的次數愈多，當然失誤的次數自然也就愈多，一買就跌、一賣就漲，沒有討到賺價差的便宜，也存不了股，領不到股利。

因此根據我的經驗，會建議剛開始存股的新手，最好遵守以下守則：

守則1》至少堅持存股3年不賣股

首先，建議有心存股的新手，在挑選好要存的股票並買進後，至少要堅持存股 3 年。

①剛開始存股遇股價上漲，不須考慮停利

在這 3 年期間，一定會遇到股價往上漲的波段，例如剛存到 5 張股票，每股平均成本 20 元，每股配 1 元現金股利，1 年共可以領到 5,000 元；但因為股價漲到 24 元，若是把 5 張股票全賣掉，就可以賺到 2 萬元，相當於 4 年的現金股利。

這時候會想要賣掉股票現賺 2 萬元是正常的心態，但我建議你最好忍住不要賣。因為剛開始存股，股數一定不多，上述的情形雖然能夠讓你現賺 2 萬元，但這筆錢不會讓你變得很有錢，反而會打斷你存股的腳步。

也許你會好奇，難道不能賣掉之後，等股價跌回 20

元時再買回來嗎？問題是，你無法預知它會不會跌回 20 元，於是事情通常會發展如下：

停利後股價續漲：

❶假設在 24 元先獲利了結，拿回 12 萬元，但當股價繼續上漲到 28 元，因為擔心繼續上漲而買不回來，於是就在 28 元再買入 5 張，反而又多花了 2 萬元（詳見圖 1）。

❷在停利後發現股價續漲，因為不想買貴而沒再買回，反而變成空手。

停利後股價下跌：

❶因沒跌回當初的成本價而不想再買回，變成空手。

❷跌至成本價之下，擔心續跌不敢買回，變成空手。

❸在跌回可接受的價位時買回，重新開始存股，這是最佳的狀況。不過也有可能會因為先前停利獲利了結嘗到甜頭，而又伺機尋找賺價差的機會。因此想要順利執

行長期存股計畫，理性與耐心都不可或缺。

②剛開始存股遇股價下跌，應持續買進

在存股的 3 年期間，也可能遇到股價大跌，例如從 20 元跌到 16 元，但只要確定你存的股票沒問題，就要堅持不賣股票！因為這時繼續扣款，可用相同金額買到更多股數，自然沒有停止買進的道理！甚至若有單筆閒錢進帳，還能把握時機加碼買進，不錯過累積股數的機會。

而這段期間因為持續買進，有時候會買到相對低點，有時候也可能會買到相對高點，成本會漸漸的被均攤，也就是買到所謂的「微笑曲線」（詳見圖 2）：

假設 1 年存 5 張，存股 3 年共可存到 15 張，股價 24 元時的股票總市值是 36 萬元，繼續存下去，幾年後就能存到 100 萬元市值的股票，假設現金殖利率 5%，到時候每年還可以領到 5 萬元股利。

堅持不賣股的期間，有助於訓練你存股的心性；因為若你能夠做到「手中有股數，心中無股價」，接下來不

圖1 因股價上漲而停利，恐打斷存股腳步

賣股停利可能發生狀況

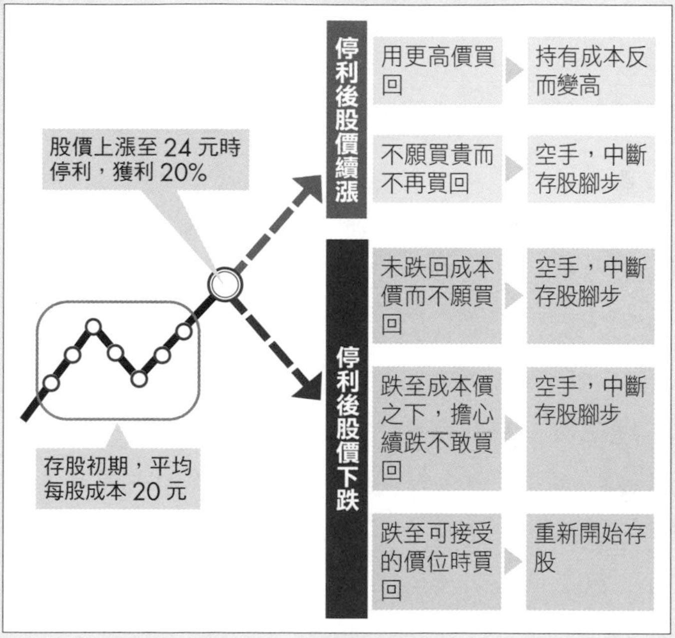

論股價如何漲跌，不管市場是狂風暴雨還是電閃雷鳴，你都能夠不動聲色、穩如泰山。

當然，或許未來當你的股票部位累積到一個程度、投資實力逐漸雄厚時，也能掌握到股票的股性，那麼想要在股價漲到高點時做一些適度的停利，或是轉換資產賺點價差，那就是各憑本事了。

守則2》每年檢視總市值及年股息是否增加

在存股過程中，要每年檢視自己存股部位的「總市值」跟「年股息」有沒有增加，這兩者中至少要有其中一項達成。

①「總市值」有沒有比去年多？

當你持續投入資金存股，存股部位的總市值通常就會比去年還要多。如果沒有達成，有可能是股價有明顯的下跌，又或是你並沒有按照紀律持續存錢養大自己的金雞母。

如果存股總市值比去年少的原因是股價下跌，只要你當初選股有選到好公司，就不需要太擔心。要是真的很憂慮，則可能是你當初沒有好好選股，所以沒有信心，那麼建議你可以重新檢視自己買的公司究竟值不值得長

圖2 利用微笑曲線均攤成本，等待長線獲利

定期定額的微笑曲線

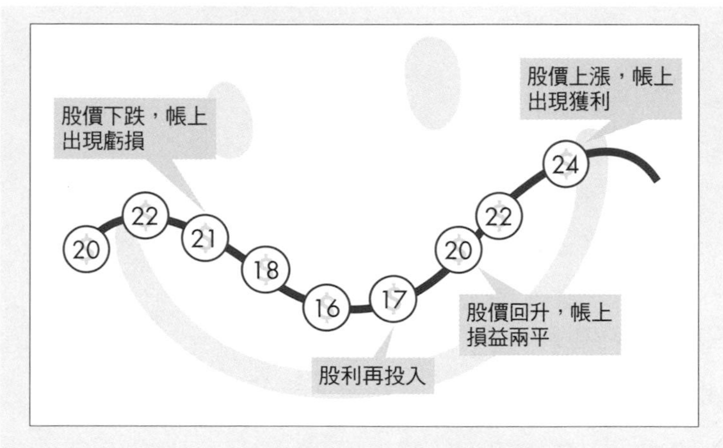

期存下去。

②「年股息」有沒有比去年多？

持續投入資金存股，且公司配發的股利穩定，今年領的股息也應該要比去年還要多。若發生今年股息沒有比去年多，就需要了解原因。如果是因為金雞母配發股息變少了，那是由於環境因素造成整個產業都少配？還是唯獨你買的這家公司少配？

如果是因為環境因素造成的，就無須過於憂慮，那只是正常的景氣變化。若唯獨你投資的公司少配，就要檢討你所存的股票是不是真正的金雞母？

至於存股總市值或領到的年股息比去年少，是因為自己沒有按照紀律存股，那就要問問自己，是因為股價下跌不敢持續買入？還是資金控管沒有規畫妥當？

如果是股價持續下跌讓你感到害怕而不敢買，這就是觀念問題。當確定自己養的是金雞母，股價下跌等於特價優惠！百貨公司大特價時，想囤貨還要擔心用不完會過期；但是股票大特價時囤貨，不僅不用怕過期，未來還能幫你賺進更多錢。要改變觀念：只要是對的公司就不要害怕！

如果是資金控管問題，例如因為生活費超支而沒有錢可以投資，那就要徹底的盤算一下，透過記帳控管開銷，並執行「先儲蓄，再支出」的行動，強制自己每個月收入進帳時，一定要先撥一筆錢來投資，剩餘的才能拿來花用。

守則3》不跟別人比較，但要找到同好

看到同齡或是年紀比你小的投資人，投資的成績比自己好，內心多少會感到洩氣；但是別忘了，每個人存股都有自己的目標，因為財務條件不一樣，能投入的資金不同，存股成績和達成財富自由的時間長短當然也不會相同。

如果把投資比喻成電玩遊戲，那麼它會是一個單機遊戲，而不是網路遊戲；我們身邊的親朋好友，他們都只是 NPC（非玩家角色），不管是你的好友現在存到 500 萬元，或是你的堂哥、表弟現在有 1,000 萬元，他們也都是在自己的遊戲裡，和我們一點關係都沒有。

如果硬要和別人比較，會很容易迷失，然後非常可能做出不理智的決定。我們只要管理好自己的遊戲，好好的練功升級就可以了。

當然，存股過程中若能有志同道合的夥伴互相激勵，對於達成目標會有很大的幫助。「近朱者赤，近墨者黑」

是中國古話之一、「和傻瓜生活，整天吃吃喝喝；和智者生活，時時勤於思考」則是美國的諺語之一。和積極的人一起，我們不會消沉；與智慧的人同行，我們將更有智慧。

美國知名企業家及演說家吉姆・羅恩（Jim Rohn）曾提出「5 人平均值」（Average of Five）理論，他指出，相處時間最長的 5 個人，平均值就是我們自己。

這 5 個人可能是我們的家人、伴侶、朋友、同事等，他們的價值觀、思想與行動，對於我們的想法和行為，會默默地產生重大的影響。如果要進一步闡釋，我會這麼說：

5 個充滿智慧的人，圍繞在我們身邊，我們會成為第 6 個智者。

5 個富有的人，圍繞在我們身邊，我們很有機會成為第 6 個富有的人。

5 個愚蠢的人，圍繞在我們身邊，我們也很有機會成為第 6 個愚蠢的人仔細想想，大部分的時間，你都和哪些人相處呢？以投資來説，常常會跟身邊的人討論當沖賺了多少錢、聽了哪些明牌，最後往往會是一起賠錢；常跟長期投資成功的人請益、與擁有投資智慧的人談天説地，也能潛移默化地影響著我們的投資思維，讓我們能走在致富的道路上。

跟著蜜蜂找花朵，跟著蒼蠅找廁所。人生就是如此，想擁有什麼人生，就要和什麼樣的人在一起。像我就很慶幸能在投資不久後就接觸存股，並且認識到存股高手，有很多正確的長期投資想法及觀念，都是和存股高手們請益得來的。

我相信，和勤奮的人在一起，你不會懶惰；和積極的人在一起，你不會消沉。與智者同行，你會不同凡響；與高人為伍，你也將有機會能登上巔峰！

Chapter 4

解答投資疑問

4-1 疑問1》低薪族、月光族如何踏出投資第1步？

常有人透過網路私訊跟我聊天，我喜歡交朋友，透過彼此交流可以互相成長，而最常收到的問題之一，就是關於「投資需要資金，如果薪水低、閒錢少、身為月光族，該怎麼踏出理財與投資的第 1 步？」

從對話當中，我也發現滿多人遲遲沒有認真投資的理由都是和拿不出本金有關，例如：「我想投資，但我沒有錢」、「我只是上班族」、「我有父母要養」、「我有小孩要養」、「我有房貸要繳」、「我有車貸要繳」……。這些問題的確會影響投資步伐，但絕對不是不理財、無法投資的藉口。

我剛出社會時，也曾當過入不敷出的月光族，好像錢包有破洞一樣，薪水進口袋沒多久就流光了。現在的我，不敢說是應有盡有，但起碼我也是從零開始，到現在才能過上衣食無缺的生活。我很想跟所有覺得自己窮的人說：「口袋窮不是窮，腦袋窮那就是真正窮。」

會投資理財的人一開始不一定是有錢的人，但是有錢的人也不一定都懂得用投資理財維持或賺取更多財富。從台灣的俗話「富不過三代」，或是每隔一段時間就會看到「彩券頭獎得主在獲獎後幾年傾家蕩產」之類的國外新聞，就可以知道，窮腦袋即使因為繼承或中大獎突然變有錢，也不會一直都有錢；富腦袋即使一時落魄，也有辦法讓自己變得愈過愈好。

因此，一開始低薪、錢少都無所謂，也先別急著想要如何發財，應該先思考的是如何善用手上的資源，而資源包含自己的收入、時間及智慧。當有了想要變富有的決心，就試著正視財務、學習理財，讓窮腦袋靠知識變成富腦袋，腳踏實地的開始打基礎，一定有機會能翻轉人生。

「先儲蓄，再支出」雖老派但有用

月光族要翻身，「先儲蓄，再支出」絕對是理財必備的黃金公式，雖然這個觀念超老派，但不得不說，還真有用！

先來說說我自己的例子。多年前，教我儲蓄的朋友李老闆這樣跟我說：「每個月想盡辦法把收入的 1/3 當作閒錢存下來吧！」

我：「我每個月連支出都不夠用，怎麼存？」

李老闆：「記帳！先釐清錢之所以不夠用，是因為花太多不必要支出？還是賺太少？」

我：「如果我強迫存 1/3 收入，當月不夠用怎麼辦？」

李老闆：「那麼你就要自己想辦法，無論如何不能動用那筆 1/3 的錢。那筆錢，我稱為發財金。」

其實我一直以來就有在記帳，只是沒有強迫儲蓄，都是收入進帳後先花錢。在李老闆跟我講完上面那段話之後，我立刻執行「先儲蓄，再支出」的行動。

從那天起，每個月領取薪水以後，我一定先把 1/3 收入存起來作為儲蓄（直接匯到一個沒有在使用的銀行帳號活存，只進不出）；其餘 2/3 的錢，才會作為支出（包含車貸、房貸、吃喝玩樂等），嚴格控制自己不能超支，因為我能花的就只有這些錢。

執行一段時間後，我開始想，儲蓄的錢除了準備拿來當買房頭期款，還能夠做什麼？接著我開始接觸理財和投資，讓我在收入成長後也沒有揮霍無度。投資路上，儘管初期有點迷路，但我很快就找到適合自己的投資方法，踏踏實實的把錢留住，還養出了能生錢的金雞母。

我非常感謝這位李老闆，多麼希望一開始認識他時，就能知道他對儲蓄的想法，也或許是人總避諱談錢，所以錯失良機。鼓勵大家多談錢，勇敢面對錢，有機會就跟擁有富腦袋的朋友請益，能幫助自己少走很多冤枉路。

減少不必要的開支，一定能擠出閒錢

我自己是撥出收入的 1/3 來儲蓄，不過每個人的狀況

圖1 **執行儲蓄計畫前，先透過記帳了解開銷**

「先儲蓄，再支出」理財行動示意圖

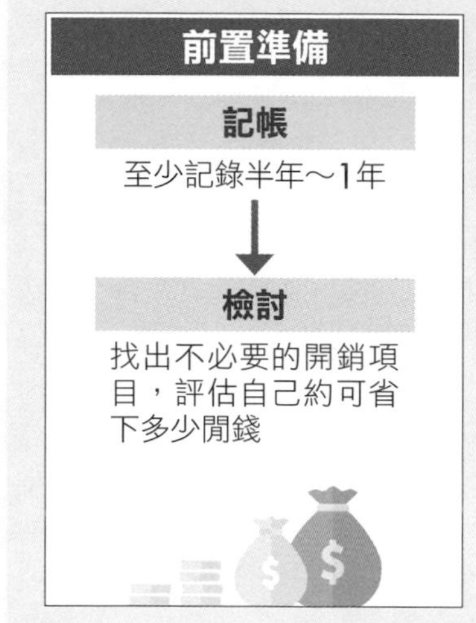

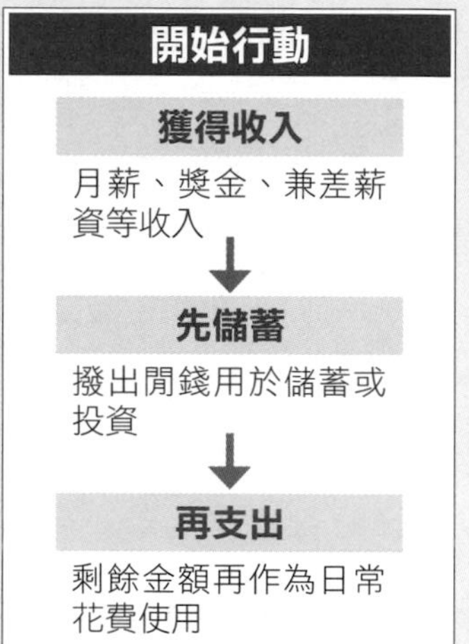

不同，你不一定要跟我一樣，因此在儲蓄前，便需要先透過記帳了解自己的開銷重點（詳見圖 1）。

你可以選一個自己用得順手的記帳 App，每個月都看一下自己把錢花到哪裡去（詳見延伸學習）。記個半年、1 年之後，就能清楚看到全年度的金錢流向，包括：哪些項目花最多？哪些項目是可以減少的沒必要花費？哪

用日常記帳 App 養成每日記帳習慣

養成習慣記帳是管理開銷很重要的一環，在此提供我長期在使用的記帳 App「CWMoney」，使用它的免費功能就足以應付日常記帳所需。

欲使用日常記帳 App，可掃描下方的 QR Code，或輸入網址下載：

iOS 版	安卓版
CWMoney https://lihi2.cc/gXhAt	CWMoney https://lihi2.cc/iL1Yx

些項目不能減少但可以降低金額？

透過記帳，你可以得知自己能夠省下哪些項目和金額，並且據此規畫接下來的消費預算，例如原本每月都花費 1 萬 3,000 元在三餐與美食上，想省錢的話，就訂下平均每月只能花 1 萬元的預算目標。就算 1 個月只能省下 3,000 元、5,000 元也好，擠出來的閒錢，很可能就是讓你從月光族翻身的起點。

以我來說，經歷出社會生活拮据的幾年後，隨著收入提升，消費也跟著升等，所以能存到的錢很有限，即使有記帳也沒有認真分析。直到後來開始執行「先儲蓄，再支出」的行動時，我才把過往記帳的消費紀錄打開，檢討有哪些可以省下的花費。

當時我發現在基本生活開銷之外，花費最多的部分就是咖啡、飲料、大餐、消夜等；尤其是咖啡、飲料和消夜，每次花錢的時候都覺得只是小錢，但是 1 個月累積下來也要 3,000 元、5,000 元，大餐不用說了，吃 1 次起碼就要花掉好幾百元以上。

一開始要省下這些錢的確會有點不習慣，不過看到能用的錢只剩下 2/3 時，也只能提醒自己要忍耐，等到習慣了之後，你就會發現，其實並沒有那麼難！雖然也許還是無法完全戒掉這些花費，但你可以先嘗試減少這些花費的次數，例如從每天喝改成 1 週喝 5 次飲料、再改成 1 週喝 3 次、2 次等，絕對有辦法做到；或是有時候

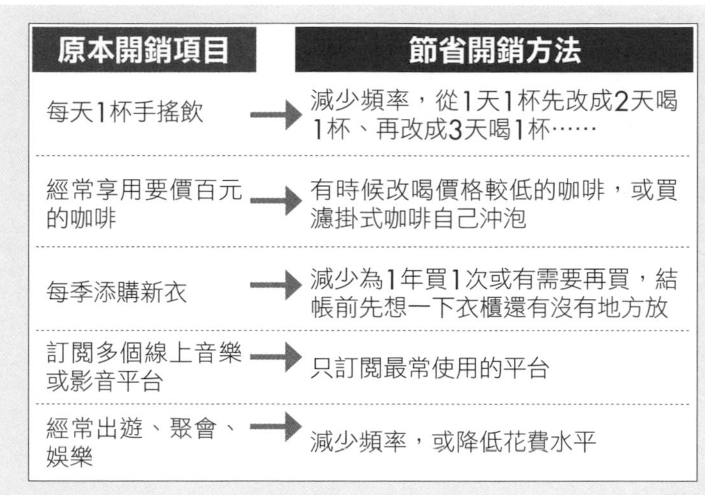

圖2 腦筋轉個彎，節省開銷有訣竅
節省開銷的方法

原本開銷項目	節省開銷方法
每天1杯手搖飲	減少頻率，從1天1杯先改成2天喝1杯、再改成3天喝1杯……
經常享用要價百元的咖啡	有時候改喝價格較低的咖啡，或買濾掛式咖啡自己沖泡
每季添購新衣	減少為1年買1次或有需要再買，結帳前先想一下衣櫃還有沒有地方放
訂閱多個線上音樂或影音平台	只訂閱最常使用的平台
經常出遊、聚會、娛樂	減少頻率，或降低花費水平

在家裡自己泡茶或咖啡，也會比從商店買現成飲料更省錢（詳見圖 2）！

如果你的不必要開銷是來自於其他項目，例如智慧型手機，可以思考一下，是不是因為每年都在換新手機，所以有永遠繳不完的分期付款卡費？或是已經爆量的衣服、鞋子，是不是有些是在衝動下買回家，之後根本只穿了 1 次、2 次，然後又繼續買新的？這些對你來說終將丟棄的消耗品，其實都可以省下來，把錢改用在儲蓄與投資上。

通常嘴巴一直說自己沒錢的人，大部分都不是真的沒有錢，而是花錢如流水，沒有去控制開銷罷了。想讓自己從沒錢到有錢，改變的關鍵只在於有沒有想法？要不要規畫？有了想法，就接著找方法，而後找做法，記住，「想」是問題，「做」才是答案。

疑問2》想讓生活愈過愈好 為什麼一定要投資？

一般人剛出社會工作時，多半是用時間和勞力工作以賺取主動收入。隨著年齡增長、能力提升，主要就是靠專業能力或管理能力賺錢，不再像過去一樣只能用工時賺取收入；同時，若能盡早學會投資理財，建立被動收入系統，這段期間也能開始獲取不錯的被動現金流。而進入準備退休階段，即使沒有工作的主動收入，光靠被動現金流也能過日子，這是我認為一般人從出社會到準備退休階段，最理想的收入來源變化狀況（詳見圖 1）

及早做好財務規畫，人生更有選擇與保障

年輕人的優勢就是時間，最好及早做財務規畫，建立被動收入財富系統，不僅能為自己的生活多準備一層保障，你的人生也將能有更多的選擇！

例如運用本書介紹的複利計算 App，可以概算：若能

在 25 歲開始投資，本金 0 元、每月投資 1 萬元、年化報酬率 7%，30 年後在你 55 歲時，能累積到的最終資產會有約 1,176 萬元；只要股票殖利率有 5%，1 年就能有 58 萬元的被動收入（詳見附錄）。

一般上班族或許要花相當多的精力跟時間，才能讓主動收入從 3 萬元提升到 5 萬元；但只要及早學投資，可以慢慢為自己增添 1 個月 1 萬元、2 萬元……，甚至是更高的被動收入。

而同樣是月收入 5 萬元的生活模式，收入結構可能是：

1. 主動收入 5 萬元。
2. 主動收入 4 萬元＋被動收入 1 萬元。
3. 主動收入 3 萬元＋被動收入 2 萬元。

這 3 種收入結構所過的生活方式是截然不同的，主動收入 5 萬元的工作很可能需要你勞心勞力；但當你有了每月 2 萬元的被動收入，或許就能選擇主動收入 3 萬元但是壓力比較輕的工作。

圖1 **及早學習投資理財，可讓賺錢更輕鬆**

人生各階段的理想收入來源變化

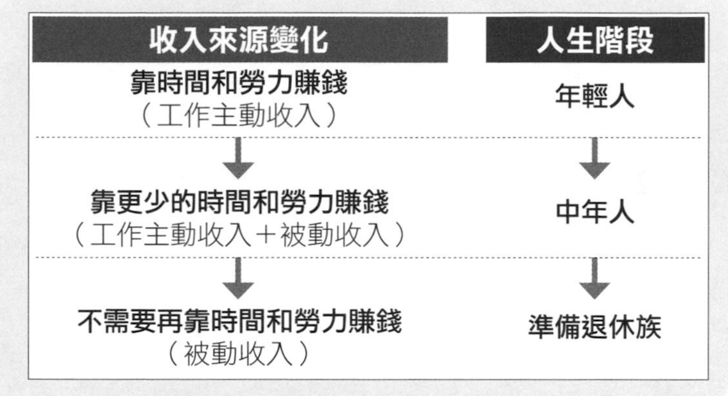

收入來源變化	人生階段
靠時間和勞力賺錢（工作主動收入）	年輕人
↓	↓
靠更少的時間和勞力賺錢（工作主動收入＋被動收入）	中年人
↓	↓
不需要再靠時間和勞力賺錢（被動收入）	準備退休族

當然這只是舉例，每個人需要的收入不同，你當然也可以持續做月收入 5 萬元的工作，甚至努力開拓更高的收入，我只是想強調，多了一份不錯的被動收入，你將有更多的選擇，可以從事自己喜歡的工作，過著你想要的生活型態。這也是我認為被動收入如此重要的原因。

想靠投資累積財富，先培養3項實力

在財務規畫中，包含了儲蓄、保險等環節，投資更是累積財富不可或缺的工具。錢找人勝過人找錢，要懂得讓錢為你工作，而不是你為錢工作。

依據我自身的經驗，在靠投資累積財富的道路上，必須培養 3 項實力，分別是資金實力、知識實力，以及正面思考實力，下方將逐一說明，供讀者參考：

資金實力》開源節流雙管齊下

萬事起頭難，一開始投資如果缺乏本金，除了可先強迫儲蓄，也可以好好提升自己的能力，讓賺錢的本事隨之提升！透過開源、節流雙管齊下，一定能產生閒錢作為你投資的資本。

我有個朋友叫做小米，月薪 3 萬多元，存股存了 3 年。他除了先前存下的錢，也強制自己每個月存一筆錢到證券戶，並定期定額每月買金雞母存股，也沒有在管股價高低。自 2019 年 1 月開始，持續了 36 個月，合計投入本金約 80 萬元，到 2021 年 12 月，資產累積共約 95 萬元，帳面獲利約 15 萬元，總領取股息共約 9 萬元。看完上述情形後覺得自己辦不到？我想原因只有 2 種：

1. 不夠勇敢、2. 太小看你自己了。

要是你每個月能存 1 萬元，就不要只存 5,000 元；每個月能存 2 萬元，就不要只存 1 萬元。相信我一句話，有規畫並且有紀律的去執行，先嘗試 3 年就好，到時候你會感謝現在的自己。

知識實力》再忙也要抽出時間學習

一定要安排時間學習。尤其理財與投資，不是看完幾本書、讀完幾篇文章、看完幾部短影片，就能幫助你做出正確策略的。這些知識很需要系統性的學習，才能學到核心精髓，也才能真正應用到現實生活中。

對於拿錢出來投資這件事，很難一開始就找到適合自己的投資方法。通常在選定一種方法後，必須先花時間執行，除了要檢驗是否真的有效，也要判斷是否適合自己的個性與能力，例如：究竟能忍受下跌到哪種程度？有沒有辦法判別正在發生的利空是短暫或是長久的？

只有真正落實執行，才能真正有所收穫。很多人都是問了 A、B、C、D 種方法，學了很多，各門派武功都學一點，最後卻走火入魔；也有人光說不練，講得一口好股票，卻都沒有執行，幾年過去了，還是在原地踏步。我身邊也有幾個朋友是如此，因為恐懼又想太多，一直消耗時間成本，我覺得很可惜。

經過執行之後，若是發現正在用的方法無效，就要檢討該怎麼改善投資方法或是導正觀念，經過持續的學習與優化，直到確認你已經學會成熟的投資策略，才能安心重複使用這套策略賺錢。例如真正開始執行存股後，經過反覆嘗試、驗證、修正，最終一定能真正建構起讓股息自己流進來的財富系統。

無論你有多麼忙碌，每天都要抽出一點時間學習及深度思考。對於很多人說：「我真的沒有時間。」我只能說，想徹底改變現在的困境，就要自己想辦法擠出時間，不要輕易找藉口逃避。

正面思考實力》跟別人比不如設法超越自己

一定要讓自己養成正面思考的樂觀心態，並且應用在投資上，如此一來，當發生突發事件時，例如市場發生黑天鵝事件而暴跌、投資的產業出現巨變、持有的股票發生重大利空等，正面思考將會幫助你用理性面對這些劇變，也才不會讓你因為驚惶失措，而在倉促間做出錯誤選擇。

像我存股 4 年多以來，或許時間不算很長，但也遭遇過市場的上沖下洗，先是 2020 年開始的新冠肺炎疫情，還有 2022 年的烏俄戰爭、美國升息、股匯雙殺……。損失有沒有？肯定有！影響有沒有？肯定有！擔心有沒有？肯定沒有！

為什麼不會擔心？因為我的存股金雞母是讓我安心的股票、因為我用來投資的錢是閒置資金、因為我現在還有持續的工作收入、因為我知道靠金雞母不斷下蛋可以供應我未來退休後的現金流……。正面樂觀的心態背後，有著正確的理財與財經知識作後盾，所以我一點也不會擔憂。

另外，正面思考也請務必應用在生活上。當看到親友、同儕、好友換了新手機、穿了新大衣、在社群網路上分享自己買了新車、住豪華飯店、全台巡迴吃美食、出國旅遊買精品……，即使自己沒辦法過上同等物質條件的生活，也要提醒自己盡可能用正面的心態面對！

天下沒有白吃的午餐，別人有辦法享受人生，可能是用比你辛苦工作、比你更認真投資換來的。當然，也可能只是單純因為對方家境好，這就更不用去攀比了，因為人家的運氣比你好，而運氣又是無法靠努力得來的；況且，比較無法靠努力得來的條件，並不會讓自己的日子變得更好。

不過，知識、財富，都是可以憑自己的雙手和努力贏來的，願意付出，就有機會讓未來的自己，過著比現在更舒適愜意的生活！而這些都需要有個起點，需要你現在開始付出。永遠要記得，如果不滿意現狀，但今天做的事情又和昨天一樣，別說是明天、後天，甚至 5 年、10 年後，也肯定不會變得更好。

4-3

疑問3》想靠存股致富 過來人有哪些忠告？

有人不喜歡存股，或曾試著存一段時間就放棄，大概是因為覺得過程太無聊、致富速度太緩慢。確實，存股無法讓你大富大貴，更無法一夜致富，不過存股能讓你有機會提前退休，不怕萬一中年失業中斷收入，也不用到老都要為錢工作。

會翻開這本書，相信你對存股一定有興趣，但是如果你還沒決定要不要走上存股這條路、內心還有想靠短線投資一夕致富的念頭，我想給你以下幾個忠告：

忠告1》短線投資不見得賺比較快

「我沒有這麼多時間慢慢來」、「我年紀已經很大了」、「我太晚存股了」、「現在股價太高了」、「我覺得還會再跌」、「我的成本不像你這樣」……。上述這些心態，往往會把人們導向「本金小就是要炒股賺比較快」的思維，並會因此想要在短時間內把 10 萬元翻成 20 萬元，或是開槓桿把 100 萬元翻成 500 萬元、再翻到 1,000 萬元……，想著先讓本金盡量快速擴大，最後再來安穩的存股領股息。但我可以很肯定的對你說，不會有那一天的。

因為一旦用短線炒股賺大錢，代表這方法對你是有效的，多數人會選擇重複用原本的方式去賺更多錢，內心還是會覺得存股賺太慢。

相反地，一旦短線炒股賺不了大錢，或是賠錢了，就會漸漸失去信心。短線炒股失敗、又嫌存股慢，既然怎樣都不會賺錢，乾脆就不投資，及時享樂過生活就好。

也有人一開始愛玩短線，後來願意稍微改變心態學存股，但是當看到、聽到身邊的人，尤其是自己認識的朋友，今天在股市裡賺 1 根漲停板，1 週又賺了幾萬元，就會又忍不住回去玩短線……。

大家都想變富有，且都想要一夜致富，認為長期存股很笨、很慢、很沒有效率；但是，把賺錢的速度放慢，在累積財富的過程中，比較穩、比較強！

亞馬遜創辦人貝佐斯（Jeffrey Bezos）曾說，他問過巴菲特（Warren Buffett）：「你的投資理念如此簡單，你是世界上第 2 富有的人，為什麼大家不乾脆直接複製你的做法？」巴菲特的答案是：「因為沒有人喜歡慢慢變得富有！」

慢慢致富的威力，會比你想像中更快帶領你邁向財富自由之路。

忠告2》可複製並讓你安心的投資方法才有用

如果你已經接觸投資很多年，卻一直不確定自己使用的投資方法到底正不正確，不妨好好回想一下以下幾個問題：

①開始投資以來，你的資產有沒有成長？

如果投資多年，根本沒有賺錢，或甚至倒賠，代表你使用的方法可能不太正確，或者不適合你。

②如果資產有成長，報酬率大約多少？

如果你有賺錢，且換算年化報酬率有超過 5%，或甚至達到跟大盤差不多甚至超越大盤的水準，代表你很有可能已找到有效的投資方法；若報酬率不佳，那麼建議你應該另尋其他更適合你、更有效的投資方法。

③能複製目前使用的投資方法繼續賺錢嗎？

承上個問題，如果你有賺錢，並且獲得了不錯的投資成績，接下來還必須確認，你能夠不斷複製現在使用的投資方法繼續賺錢嗎？同時在投資過程中，也要能夠讓你感到安穩、不會擔驚受怕？

像我身邊有朋友就是專門買強勢股、飆股，收獲豐厚的獲利後，就買房子當包租公；不過弔詭的是，當那位朋友投資的資金愈大時，繼續用同樣的方法操作，卻讓他的心理壓力變得更大。

因此雖然我很欽佩他的投資功力，但我不會想放棄存股去學習他用的方法，我很安於用現在的長期存股模式慢慢致富，因為我很清楚以下幾件事：

第 1，其實我也嘗試過選擇當下市場上的強勢股、主流股、飆股來投資，但是就算選對股票，我也找不到最佳買賣時機，我願意承認自己學不會靠這套方法來賺錢的訣竅。

第 2，我需要經營本業獲得主動收入，沒有時間常常盯盤找進場與出場點。

第 3，就算我真的學會了靠強勢股、主流股、飆股來投資，隨著資產提高，我的壓力也會愈來愈大。用 10 萬元、100 萬元玩飆股，跟用 1,000 萬元、5,000 萬元玩飆股的心理壓力絕對不一樣。或許資產高達一個階段就要調整到比較保守、穩健的長期投資方法，但那時投資習慣就得要重新培養，因此我寧願及早開始，同樣也可以提早過上內心舒適快活的日子。

當然，每一個人能承受的心理壓力都不一樣，因此才會出現執行的困難度。而持續養金雞母的長期投資模式，可以說是心理壓力相對較小的，就算途中仍要承受股價波動的壓力，但只要訂好目標、選對股、慢慢分批投入資金，通常就能夠順利克服心理上的壓力，踏實建立起「讓股息自己流進來」的投資系統。

要是不知道怎麼選股，連泛公股金控也不信任，那麼投資追蹤大盤的 ETF，如元大台灣 50（0050）、富邦台 50（006208）等標的，來獲取市場的平均報酬，或許是更適合你的選擇。

忠告3》把存股當作電玩破關較不易中斷

存股的確是在短時間內看不太到效果的無聊事，就像馬拉松、減重，過程很無聊，如果沒有毅力貫徹到底，就無法見效。那要怎樣讓存股這件無聊事變得比較不無聊呢？我提供一個好辦法，就是把這件事當成在打電玩遊戲。

玩各種電玩遊戲時，都會有一道道關卡，每個關卡都有要完成的任務目標。例如要打倒該關卡所遇到的敵人、要領到指定的寶物、要走到劇情指示的場所、要出幾道菜給客人、要集滿一定的經驗值等，達到目標才能破關晉級。

所以我們也可以為存股計畫設定分階段的任務目標，例如：

短期目標：第 1 年領到股息○元。

第 1 關：向券商申請定期定額買股票。

第 2 關：為自己製作一張專屬的存股紀錄表。

第 3 關：把當年領到的股息也投入買股。

中期目標：5 年內達成年領股息○元。

第 1 關：存股第 2 年，年領股息○元。

第 2 關：存股第 3 年，年領股息○元。

第 3 關：存股第 4 年，年領股息○元。

第 4 關：存股第 5 年，年領股息○元。

長期目標：10 年內達成年領股息○元。

依此類推，按照你的需求與能力，把階段目標設定好，把達成目標看作玩遊戲解任務，讓存股變得更有意思，就能激起繼續前進的動力。

忠告4》現在就要開始行動

舉個例子，月薪 3 萬元的人可能覺得自己收入太低，只想玩玩短線或是買買樂透，等以後月薪 6 萬元再來長期存股。但你要知道，時間就是金錢，錢不用來投資，隨著時間流逝就會貶值；錢用來投資，隨著時間流逝就會增值。

人生不是在下廚做菜，我們不能總是等待所有材料都準備好了之後才下鍋。從月薪 3 萬元增加到 6 萬元，有可能需要好幾年的時間，這幾年的時間如果不懂得用正確的方式投資，將會白白損失時間複利讓錢滾大的機會，也會失去在這段時間中本來可以從市場上學習到的經驗。

市場上充滿著高手、高手、高高手，他們絕對不是只有短短幾個月就擁有現在的成就，即使是擁有數百張、數千張股票的存股大戶，財富也是逐漸累積來的。有了正確的投資觀念，自然會想辦法賺錢讓自己本金擴大。因此，與其羨慕別人，不如改變自己，永遠不要怕比別人慢，只怕你一直站在原地不願意行動。

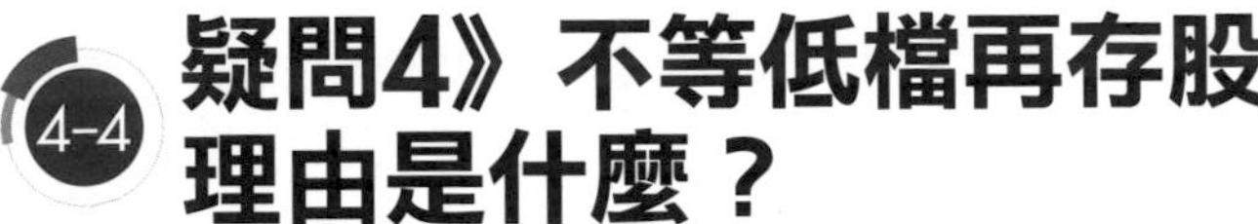

疑問4》不等低檔再存股理由是什麼？

我一直鼓勵大家，存股要分批投入資金，例如分批時間為 1 年，切割成 12 份就是 1 個月買 1 份，切割成 52 份就是 1 週買 1 份。這樣做會有買在高點的時候，但也會有買在低點的時候，可以平均買進成本。

那麼，為什麼我們不乾脆先盡量存錢，等到股價跌到最低點的時候，再一次買進呢？答案很簡單，共有 3 個理由：

理由1》想抓最低點，反而易錯失時間複利

首先，股市漲跌的因素有很多，厲害的人可以掌握大趨勢、大方向，但是再怎麼有本事，也不會有人能確切知道股市的最低點什麼時候會來？

股市最低點出現的時候，都是要等回頭來看才會知道。

假設一檔很穩定的股票，最近 3 年的股價都在 22 元～25 元左右，突然因為發生國際大事導致大崩跌，或是因為這檔股票發生意外的利空，使得股價跌到 20 元、18 元、15 元⋯⋯。在這過程中，你無法預知它最低會跌到幾元。

通常都是直到有一天發現它不再跌了，開始變成 15.5 元、16 元、18 元、20 元⋯⋯，才會驚覺，啊！原來最低點就是 15 元。

而且發生大跌的時間，有可能 3 年、也有可能 5 年才會遇上 1 次，這段期間你要是一直都保持空手，反而錯失了好幾年的時間複利。

理由2》真正到達低點時，可能根本不敢買

再來，當股價跌到近年的低點，確實是低檔加碼的好時機，但是遇到大跌的時刻，也往往是市場最悲觀的時期，或是這家公司的基本面或題材面出現了嚴重的利空，才會有大批投資人拋售股票，導致股價大跌。可以想一

想，這種時候，你真的敢把存了幾年的大把鈔票，集中在此時買進嗎？通常是很難做到的。

因為在市場一片悲觀的時候，大多數人都會變得保守，擔心一買就套牢、擔心跌了 20% 之後還會再繼續跌 20%、擔心公司是不是快倒了⋯⋯。

等到發現股價開始回神了，又會想：「現在買不是最便宜的價錢，等到它跌到某個價格再買好了。」而股價愈漲又愈不想買貴，直到利空消失，股價漲回了原本的位置，甚至漲得比之前還要高，終究還是沒有機會實踐「跌到最低點時再一次買進」的想法，反倒是白白損失了等待期間的時間複利（詳見圖 1）。

理由3》保持空手，難以學到市場經驗

假如平時有在持續定期定額買股票，就算只是擁有少少股數或張數的「奈米股東」，也會因為持有這家公司的股票，而不知不覺地主動留意公司的動向，或是市場發生的各種大小事。而在關注這些資訊的過程中，或多

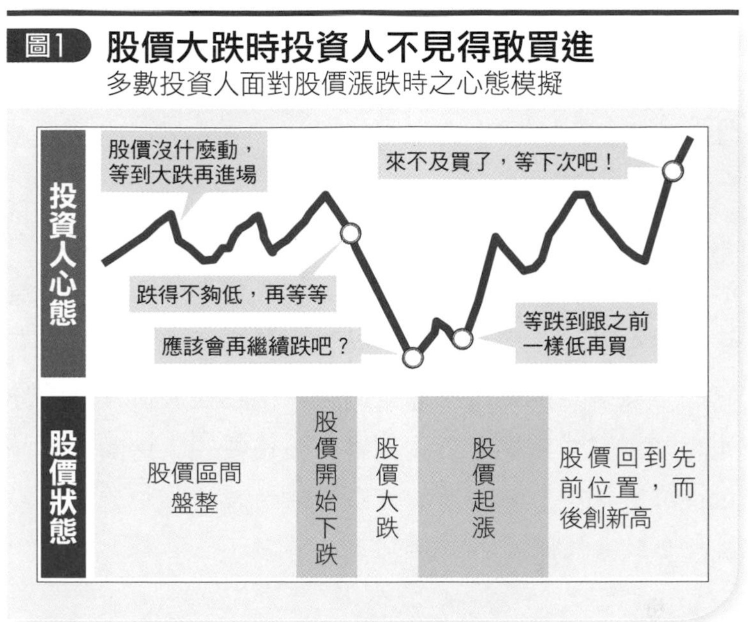

或少都能有所收穫，例如真正學會過去自己一直似懂非懂的知識、實際感受到市場利多與利空，會對手中持股的股價變化造成什麼影響等。

就以最基礎的股票投資常識來說，剛學投資的人面對一大堆名詞，像除權息、股票股利的計算，常常是有聽沒有懂，例如只知道配股利的除權息當天股價會變低，卻不知道原理是什麼。但是當自己參與了除權息，就會好奇除權息到底是怎麼計算的，以及股利的來源究竟是什麼。

而在投資了一定的時間後，加上常常關心自己投資的股票，也會慢慢培養出經驗和膽識。當你知道自己所投資的股票基本面與體質都很好，也知道所投資的產業有它的景氣循環規律，就算遇到空頭市場使股價大跌，你也會知道只要度過景氣的低谷，股價往往就會回漲到基本面匹配的位置。這種人才有可能敢在低點來臨時，投入額外的閒錢加碼。

相反地，要是一直保持空手，只是一直存錢，一直在場外觀望，沒有買入的習慣，自然就會覺得沒有關心的必要性，也比較沒有動力去探索相關的知識，很可能還會誤以為股利是「左手換右手」，而對參與除權息這件事嗤之以鼻。也因為難以感受產業的景氣變化和市場變化，更難判斷到底在什麼時間點值得投入大筆資金買進。

因此不要再去想什麼「存到一大筆錢再等低檔存股」

這種事，只要選好股票，殖利率有 5%，就慢慢地分批投入資金，參考我存股的「3 不政策」口訣：「不看價位、不管市場波動、不間斷投入」，踏實的把金雞母養大，幾年之後你就會在不知不覺間，擁有令人稱羨的被動現金流系統。

4-5 疑問5》存到一筆閒錢後應該先存股還是先買房？

有滿多朋友問我關於有一筆閒錢，該先買房還是先存股這件事，也曾在網路上看過一些相關的討論。主張先買房的人，是擔心房價愈來愈貴，認為應該早買早享受；也擔心若是投資失利，反而讓自己離買房夢愈來愈遙遠。主張先存股的人，則是認為應該要靠股票把資金累積起來，到時候再賣掉一些股票當頭期款，最好還能用股利現金流去支付房貸。

決定置產前，先問自己3問題

我覺得這個問題，還是要回歸到自己的能力和需求來考量，對於想要先買房的人，我建議先了解以下問題：

1. 自己是否有買房的急迫性，以及是否真的有居住的需求？

2. 你準備的頭期款和買房相關款項真的足夠嗎？

3. 是否確定自己能負擔交屋後每個月須繳交的房貸金額＋生活開銷？

以上 3 個問題如果都是肯定的，那當然沒有理由不買房。但是如果以上有任何一點是不符合或是不確定的，那我都會建議先不要考慮買房。

我自己是先買房後才開始投資，但這並不是我計畫好的流程，完全是因為當時的能力與需求可以讓我先買房，投資股票也是買房之後才開始進行的。

我當時的狀況是這樣，我在大學時期從台中北上到桃園市中壢區念書，一直到服完兵役、出社會工作後都是在中壢租屋生活，很自然的也想擁有一個屬於自己的小窩，所以開始工作後就決定一定要買房，只是礙於存款和收入不足，一直沒有任何行動。

直到看到和我一樣離鄉背井，在外地打拼的一位女同事，跟妹妹合資在中壢買了房子，儘管存款仍不太夠，但我還是決定先嘗試看房累積經驗，也先花時間做功課，包括了解買預售屋和買中古屋的差異、要準備多少錢才有辦法負擔、除了頭期款還有哪些額外費用要支付等等。

隨著工作收入提高，以及 30 歲時開始積極存錢後，我成功存到了第 1 桶金。而在努力存錢的期間，我也都有陸續看房，並且主要鎖定頭期款壓力較輕的預售屋，因為預售屋只需要 10% ～ 15% 頭期款，貸款等到交屋後再繳就可以，資金壓力相對輕很多，等待建商蓋房子的期間還可以繼續存錢。中古屋則需要支付 30% 的頭期款，簽約交屋後就要開始繳貸款，還得多付不少錢去重新裝潢，比較不符合我當時的能力和需求。

我前前後後在桃園市看了大約 20 間房子，從八德看到青埔，也有去新屋、中壢跟平鎮，最後還是選擇我生活多年、最熟悉的中壢。當時是 2015 年，中壢的房價並不高，我評估過後，頭期款加上稅費不到 90 萬元、簡易的裝潢和家電約 40 萬元，以及未來每月要繳 1 萬 6,000 元的房貸，是我的儲蓄和工作收入可以負擔得起的，因此就在這一年——我 31 歲時，順利簽約買下屬於自己的第 1 間房。

另外，我也會建議，計畫要買房時，可以先盤點一下自己的能力，看看自己能負擔的房屋總價範圍，再從適合的區域找喜歡的物件。若預算有限，例如大房子買不起，就先買小房子。其實當初買房時，我也覺得既然要買，就要一次到位，鎖定了三房的物件；但礙於資金實在不足，本來打算要放棄。這時候李老闆又出現了，他告訴我:「你應該務實一點，先求有再求好，一步一步來，不是要一步登天。」他說他以前也是如此，先買大樓，不一定要有豪華裝潢、高檔家電家具，大概住了 10 年，才換到現在居住的，空間更寬敞舒適的透天宅。

當然，若發現在能力範圍內能買的區域、房屋條件，真的都無法符合自己的生活與工作需求，那就得增加預算，把目標金額訂好，努力存錢！畢竟有了明確的目標，才會更有動力去達成。

不急著購屋者，可先透過存股累積資金

只要有存錢的習慣，且想買的房子價格符合自己的能力，其實要拿出頭期款應該不難；我也聽過不少人買房

都有長輩全額或部分贊助頭期款，因此想買房的人更應該在乎的是，自己的現金流收入，有沒有辦法負擔交屋後每個月要繳交的房貸＋基本生活開銷？

要還清房貸至少需要 20 年～ 30 年，一旦還不出錢，房子很可能保不住。如果想要擁有更好的生活品質，可能還要想辦法去提升自己的工作能力、增加收入。要是計算過後，發現未來要負擔房貸＋基本生活開銷是很勉強的，為了避免弄巧成拙，或許讓買房計畫再緩一緩會比較恰當。

那麼，房價一直上漲，現在不買，以後會不會更買不起？我認為還是要務實一點，有多少錢做多少事情。房價長期是上漲趨勢沒有錯，但是只要想辦法讓錢的增長幅度趕上房價的漲幅，也就是透過存股讓錢增值，到時候就能用股票資產轉換為房屋資產。

如果是頭期款不足的狀況，而且還沒有非常急迫的買房需求，那麼除了預留一筆緊急備用金（例如 1 年的生活費，依個人而定），其餘的存款可以拿去投資比較穩定的金控股，當然這需要先有正確的存股觀念，以及做好至少存股 3 ～ 5 年的準備，才能實際感受到存股讓資產增值的好處。

像我弟弟也有計畫買房，但他的存款還不太夠，需求也不急迫，錢只存銀行又趕不上房價上漲，所以他也使用我的存股模式，把原本每月要存進銀行的錢用來存金控股。另外，我弟弟因為個人因素可以取得比較低的信貸利率，所以他還有向銀行借一筆低利率的 7 年信貸出來存股，當然，要存股的殖利率明顯高於信貸的年利率才能這麼做（詳見延伸學習）。

由於借了信貸之後就必須開始還本金＋利息，因此他是用每月收入去歸還信貸的本息，而這 7 年期間就讓存股的資產慢慢複利滾存。好處是 7 年後還完信貸，他就有一筆存了 7 年的股票資產，之後等股票市值到達可以買房的程度時，就能做資產轉移的規畫。這當然得同時承受升息的風險，不過也因為信貸金額不是太高，從 2022 年以來的升息來看，所增加的信貸利息還不至於構成壓力。

延伸學習　借信貸存股，務必確保還款金流

借信貸來存股的必備條件就是要「真正了解正確投資思維」，並「確保自己有還款能力」，一般我不鼓勵新手借錢買股票，但如果已經具備上述條件，該如何估算信貸存股的效益？

以我弟弟為例，他 1 個月能存的閒錢是 2 萬 1,000 元。可以用以下信貸條件來試算：貸款金額 80 萬元、貸款年利率 2.3%、貸款年限 7 年，每月還款金額為固定 1 萬 320 元。

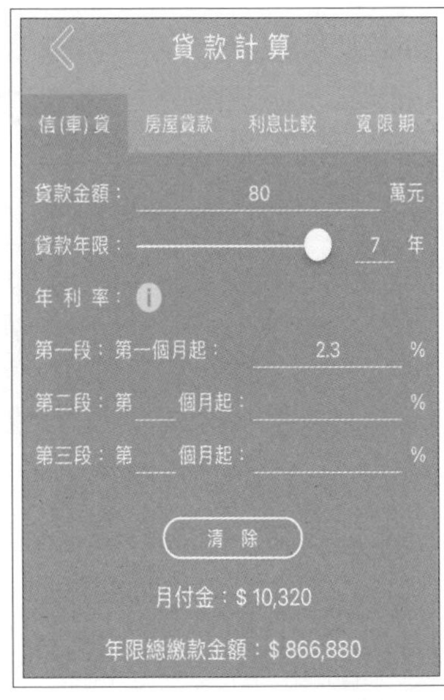

欲使用貸款計算 App，可掃描下方的 QR Code，或輸入網址下載：

信貸存股和單純投入現金存股有何差別？透過複利計算 App（詳見附錄）可估算 7 年後的總資產，兩者比較如下：

狀況 1》信貸存股

在有使用貸款的情況，一開始就是用 80 萬元買入殖利率6.5%的存股標的，連續複利 7 年。

- 預估最終資產：124 萬 3,510 元
- 實際投入本金：80 萬元
- 最終利潤（預估總股息）：約 44 萬 3,510 元
- 利息成本：7 年間共付給銀行 6 萬 6,880 元

雖然他每個月必須本利攤還給銀行 1 萬 320 元，但因他每個月可動用的閒錢幾乎是還款金額的 2 倍，且工作穩定，所以這個還款金額對他來說是相對安全的。

接續下頁

狀況 2》投入現金存股

在沒有使用貸款的情況下，假設單純每月投入現金 1 萬 320 元，買入殖利率 6.5% 的存股標的，連續存 7 年。

- 預估最終資產：109 萬 2,752 元
- 實際投入本金：86 萬 6,880 元
- 最終利潤（預估總股息）：22 萬 5,872 元

合計投資額	$866,880.00
最終資產	$1,092,752.00
最終利潤	+$225,872.00 +26.056%
命名	投入現金存股
本金	$0.00
每月儲蓄金額	$10,320.00
年利	6.5%
成本年利率 稅金、信託報酬等	0.0%
投資期間	7年

計算 每月預期 圖表

儲存

可以看到，狀況 1 的利用信貸存股，雖然需要付出的利息成本為 6 萬 6,880 元，但因為一開始就用 80 萬元去用複利滾動，所以累積 7 年的總股息，會比單純投入現金存股 7 年的總股息多出 21 萬 7,638 元。

信貸存股有點像是做生意或買房子一樣，都要先了解自己可負擔的現金流支出，確認自己能承擔風險，再來決定是否執行。就像我弟弟能夠月存 2 萬元，但信貸的還款金額控制在約 1 萬元，就是為了不要把金流掐得太緊，以防突然因有額外支出導致無法還款的風險。以上操作僅供參考，請讀者盈虧自負！

我也要特別提醒，不是人人都適合用借貸來存股，而且最重要的考量當然還是要具備「穩定」的還款能力。我弟弟本身的收入是相當穩定的，而且他決定這麼做之前，也有做過很謹慎的相關評估。如果是工作收入還處於不太穩定的狀況，以及缺乏對存股的正確認知，那麼建議最好不要輕易嘗試，保守一點，單純撥出工作收入來存股，會是更安穩的做法。

股票、房產皆會升值，兩者都值得擁有

靠存股存到頭期款，且每月收入有辦法負擔房貸和生活開銷後，當然就具備買房的條件了。而更妥善的狀況是在支付頭期款後，戶頭裡仍留有存股部位可以繼續生股息，讓自己能多一筆現金流可運用，例如用股息來負擔一部分的房貸或生活費，或者繼續再投入存股都可以。

再來談談，有人可能會覺得貸款買房子，在房貸還沒還清之前，房子都是屬於銀行的，因此對買房這件事興趣缺缺。其實大部分的人不太會用全額現金買房，原因是：1. 沒有這麼多資金、2. 懂投資理財的人會善用房屋

貸款、3. 只有錢多到不行的人才會全額買房。

只要你的現金流能夠負擔，那麼貸款買房可説是一種「用貶值資產換升值資產」的理財行為。所謂的貶值資產是指現金，升值資產則是房子，跟銀行借錢買房雖然要付利息，但你借的錢是會貶值的資產，而房子不僅會增值，增值幅度還會高於貸款利率。隨著每個月的持續還款，你擁有的房屋資產價值其實在不停的增加，而現金負債卻不停地減少。所以貸款買房就是借來了一個不斷貶值的資產，換成了一個不斷升值的資產。

可以發現，當你學會正確思維的投資方式時，妥善運用貸款，能夠適當的幫助你的資產長大，前提是要先理解什麼叫做正確的投資思維。

不管是存股或買房，兩者都是會升值的資產，都值得擁有。房屋頭期款不足的人，真的可以好好考慮用存股來準備頭期款，好好的估算一下自己的能力、需求與金流，做出具體的計畫後，就開始行動吧！

疑問6》已經投資理財多時為何還是很難變有錢？

投資理財可以幫助我們加速致富，不過有些人明明已經很努力學習投資理財，為什麼還是很難變得有錢呢？我想最根本的原因在於，就算參與了投資，變成了投資人，卻不一定就擁有正確的觀念。若是用錯誤的方式理財或投資，不但不會變有錢，還有可能變得更窮。

願意接觸投資理財，雖然已經是很好的開始，但如果你真的已經努力了好幾年，卻覺得自己的財富還是沒有增長，那麼很可能是出於以下原因，我們來看看可以怎麼改善：

原因1》「用錢賺錢」的行動不夠積極

有正確投資理財觀念的人擁有富腦袋，反之則是窮腦袋。富腦袋會盡可能的用錢來賺錢，只要有閒錢就不會放過讓它增值的機會。

例如，有在理財的人，多半會實踐「先儲蓄，再支出」的行動，然而，如果因為收入提高或支出減少，使得身上多出了一筆閒錢如 1 萬元、5,000 元，哪怕只有 3,000 元，你會怎麼處理？

活在當下的窮腦袋通常會立刻消費掉，獲得當下的滿足感；眼光較遠的富腦袋，會拿這筆錢去投資，放棄眼前的享受，去培養這筆閒錢未來能產生的收益，這兩者的結果是非常不一樣的。

富腦袋不僅會把「用錢賺錢」的理念深植在腦海裡，還會徹底落實在生活當中。可以好好回想自己的用錢習慣，如果發現自己在「為每一筆錢創造潛在收益」這方面不夠積極，不妨可以嘗試從這裡著手改善。

原因2》看到熱門商品就急著投資

投資項目有很多種，股票、基金、債券、保險、黃金、外幣、房地產……。每種市場都有不同的循環週期，而當下熱度最高、最多人討論、相關新聞鋪天蓋地的時候，往往就是該市場攀上最高點的時刻，也會吸引最多人跳進來投資，因為大家都想趁這時候進場分一杯羹。

就以股票來說，可以回想一下過去幾年，每個時期都有最熱門最主流的股票，例如：2018 年的被動元件類股飆漲，最有代表性的國巨（2327）飆到 1,300 元以上；2021 年上半年航運股暴漲，陽明（2609）的股價從前一年約 10 元上下起漲，後來最高飆到 234.5 元；2021 年因為晶片缺貨，帶動半導體業大漲等，回頭看這些產業與個股的股價都回歸基本面。

幸運的人若能早點進場，還真的能跟到上漲趨勢賺一筆；不幸的人就會買在最高點，迎面而來的就是市場從高點向下反轉的崩跌。投入了大量的時間、金錢和精力，犧牲掉自己的日常生活，最後換到的卻是套牢賠錢的痛苦和煎熬。

任何投資項目沒有事先做好功課，絕對不要輕易的砸大筆錢進場。投資前扎實的做功課，掌握投資知識，運用正確的投資理念及投資方法，才能把在投資市場受傷的機率降到最低。

原因3》酸葡萄心理成為進步的絆腳石

在《伊索寓言》中有一則寓言是說，有隻狐狸走進森林，想吃掛在樹上的葡萄，牠試了幾次去摘葡萄但都沒有成功，最後放棄，離開時牠輕蔑地說：「反正它們有可能是酸的。」

現在我們常說的「酸葡萄心理」就是來自於這則寓言，意思是說我們很容易去鄙視自己無法得到的東西。最明顯的例子之一就是「仇富」的心態，因為認為自己跟富有永遠沾不上邊，就對富人產生強大的敵意。

尤其人很難避免跟同儕比較，例如學生時期在同一間教室念書的同學，因為家境不錯且後來在事業上有了成就，而自己卻只是領死薪水的普通上班族……，一旦產生酸葡萄心理，那麼即使那位同學真的是突破了百般困難才創業成功，你也會說那位同學的成功還不是因為靠長輩贊助和人脈支援，沒有什麼了不起。

天生條件不如人，會有這種想法其實很正常，然而，即使每個人都站在相同的起跑線，擁有同樣優秀的天生條件和家庭背景，真的就一定能成功嗎？這也不見得，有了先天的條件，還得靠後天的努力，才能保有富有的條件，或是繼續創造卓越的成就。

在投資方面，也容易讓人產生酸葡萄心理，例如看到別人因為本業收入高，所以能在短短幾年間內存到幾百張股票，就會認為「還不是因為他收入高！這種人沒資格被稱讚，只要有年薪好幾百萬，要存到好幾百張股票根本不難。」然而人家本業收入高，是他的第 1 個本事，那是他努力得來的成果，當然值得欽佩；他沒有選擇把賺來的錢拿去亂揮霍，而是選擇把賺來的錢用務實的方式繼續增值，這是他的第 2 個本事，當然也是值得學習的優點。

本業收入不如人是很難改變的事實，你只能接受，或是想辦法增加財源。但是如果因為認為自己收入不高、永遠無法像別人一樣存到好幾百張股票而躊躇不前，那麼別說幾百張股票，就連 10 張、20 張股票你可能都沒辦法存得到。

酸葡萄心理可以說是一種心理保護機制，透過貶低得不到的事物，來安慰自己其實沒那麼無能。這種心態看似是在肯定自己，其實是因為自卑而不斷的在內心深處否定自己，把失敗的後果歸咎到自己無法改變的條件，等於親手把自己關進牢籠，不斷為自己的失敗找藉口。要是在投資的過程中過於依賴這種心理，這套保護機制就會變成財富的過濾器，讓自己永遠無法進步。

只要是人，就很難徹底擺脫酸葡萄心理，但還是能夠想辦法克服，盡可能去思考有哪些事情是自己努力後可以做到的？盡力而為，不要滿足於現狀，終究會有機會脫穎而出。

原因4》被瑣事占去學習時間

人們每天的生活充滿了瑣碎的事項，例如跟同事討論中午要吃什麼、結帳前才在滑手機比較刷哪張信用卡最划算、回覆公事上的 Email、需要聯絡合作對象時花時間翻找紙本名片、回家後發現水電費帳單沒繳才又跑去便利超商繳費……等。這些瑣碎的事情不僅會影響做正事的時間，還會降低工作與學習時的專注程度。

假設你為自己訂下目標：每天下班後要花 1 小時看書學投資。而看書學習非常需要全神貫注地閱讀，才能充分的吸收與消化知識，要是白天工作因為被瑣事影響而做不完得加班繼續做、或是回家後被瑣事糾纏而導致身心疲累，那麼別說想要每天花時間學投資，我看 1 個月要擠出 10 分鐘時間都很難。

這也是為什麼很多富人會花錢聘請貼身的生活祕書，因為他們不願意在生活的瑣碎上浪費時間。我們一般人雖然請不起祕書，但要避免被瑣碎的事情綁架，最基本的事情就是應該在自己有所成就之前，於生活上盡量從簡，找出最適合自己與家人的生活規律，做好時間管理。

例如，把 1 天的工作時間切成幾等分，其中最容易分心與疲累的時間，就用來處理瑣碎的事情，如回覆 Email、寄文件；收到合作對象名片時，當下就先用電腦或手機建檔，方便之後快速查詢；把水電費帳單設為自動扣繳等等……。把能夠自動化處理的瑣事都自動化，可以省去不少日後處理的時間。省下的時間則可以用以專注工作，讓自己盡量準時下班，閒暇時間也能撥出時間用心學習。

想一想自己是否也有上述的狀況？發現問題後，務必要做出改變！認為自己很努力了，可能是因為方法錯了，也可能是還有努力的空間。你不必非常優秀，但是你一定要非常努力！

Note

養成能下金蛋的金雞母是終極目標

只有自己願意認真執行每一步，才能愈來愈接近你嚮往的目標，這一切努力都是為了養成能為你下金蛋的金雞母，並擁有屬於自己的印鈔機。

而什麼樣的生活方式，才是屬於你的財務自由？這也只有你自己能夠定義，因為在每個人的心中，都有各自不同的終點。

「被動收入」這個詞，大部分的人都耳熟能詳，就是不工作還有足夠的收入可以支撐生活，但是對於要如何獲得被動收入的細節，許多人卻都不是很清楚。

當你閱讀完這本書之後，學到的知識一定會對你有所幫助，因為我本身就是這樣持續做的，包含我身邊的親朋好友也都是如此，已經驗證這套模式適合任何人以及各行各業。

本書目的是要向讀者介紹「讓股息自己流進來」的重要性，希望讓大家知道，利用「超容易複製的存股法」就能建構起股息自動流入的財富系統，創造被動收入的可靠方式，並延續下去。

只有「養成能下金蛋的金雞母」才是終極目標。千萬不要在這路上因為任何一點猶豫而停下來，那會非常可惜。

但是，如果在執行的過程中卡關了怎麼辦？不用擔心花了錢又求助無門，歡迎你連結到本文文末提供的線上表單，或是直接寫電子郵件給我詢問，我將會回饋你免費的財商知識。我非常相信人生需要教練協助突破盲點！請你不用擔心會打擾到我，有時候我看起來特別忙，但事實上我樂在其中。

大部分時間中，我腦袋總是喜歡不斷地轉動，沒有一刻能停下來，因此我經常學習新事物，也不斷地嘗試，勇於試錯、修正、發現、蒐集各種策略，最後打造了源源不斷的現金流。

我現在已經不需要再為經濟擔憂，不必擔心工作能不能為我帶來更多酬勞。但我還算年輕，頭腦也還沒鈍化；只要我有興趣的事情，我都會把它當成一份工作，認真執行到有結果為止，這其中也包含幫助那些願意學習成長的人。因此獻給讀者們這本書，希望透過本書，能帶領你一起開始運用存股，讓人生變得不一樣。

未來，你的人生若能因為這本書而有任何的改變，也歡迎你上臉書（Facebook）社團「為息而來」，與我們分享你的心路歷程。你可以和成千上萬的存股愛好者討論建立被動收入的策略，或是用電子郵件寫信給我，讓我知道你的轉變，我會非常感動。

記住，輸給自己的感覺，會比輸給別人還不好受。如果你過去在存股投資路上一直覺得力不從心，或是不知道該如何開始，並非你沒有能力，而是缺少一位陪著你往前衝的教練，如果有任何問題，不用客氣，歡迎與我聯繫。

牛哥手把手協助你，打造屬於你自己的印鈔機。

◆**作者信箱：**

info@goodcowboss.com

◆**表單網址：**

http://typeform.goodcowboss.com

學習投資理財時，經常有各種試算需求，如果你不擅長使用 Excel 也沒關係，只要 1 支智慧型手機在手，就能下載需要的 App 來使用。

在這本書當中曾分別根據複利計算、台股記帳、日常記帳、貸款計算等 4 項需求，跟大家分享了我常用的免費 App，在此再將這 4 個 App 統整如下（註）：

1 複利計算App》快速計算複利成果

本書1-3有提供1個Excel檔，教大家用試算表評估存到目標金額的年數。如果懶得用Excel，這裡再介紹1個複利計算App，不過它的功能有點不同，是根據設定的條件，去計算未來幾年後可用複利滾出的資產總金額。

使用方式很簡單，進入App後，只要按「建立」新開1個試算頁面，必填欄位為❶「本金」（目前能投資的單筆閒錢）、❷「每月儲蓄金額」（未來每月可新增投入的金額）、❸「年利」（預估年化報酬率）、❹「投資期間」（以年為單位），有這4個數字就能計算出❺「最終資產」和「最終利潤」。若需要儲存計算結果，再按❻「儲存」即可。

至於試算頁面中的「命名」，可自行決定要不要輸入；另外因為我們只是要試算大致的金額，故「成本年利率」也可略過不填。

註：4 款 App 我都是使用 iOS 版，因此文中的範例圖片都是以 iOS 版為例，但是安卓版也可以找到對應或相似的 App，故一併提供給大家參考。

2 台股記帳App》清楚掌握總資產與股息

iOS版的「台股記帳本」App從我剛開始存股時使用到現在，免費版就能用到大多數的功能。雖然券商的下單App也有損益試算功能，不過如果有配發股利，在下單App裡就看不出來；或是同時持有2個、3個帳戶，也會搞不清楚單一股票的總成本、總獲利是多少。且如果有把股票移出去借券或質押，也會看不到那檔股票。

但是透過這樣的台股記帳App，可以記錄存了多少錢到該股票的帳戶，並於買進股票後，自行輸入在該帳戶的股票成交金額與時間、所投資股票的配發股利時間與金額。系統則會自動更新股價，呈現最新的股票市值，讓我們能對自己的股票資產、股利、累積報酬率等資訊一目了然。

建議剛開始存股時就使用此App，每成交1筆就記錄1次，養成習慣後就不會覺得麻煩！而安卓版則可使用相似的台股記帳App：「台股股票記帳」。

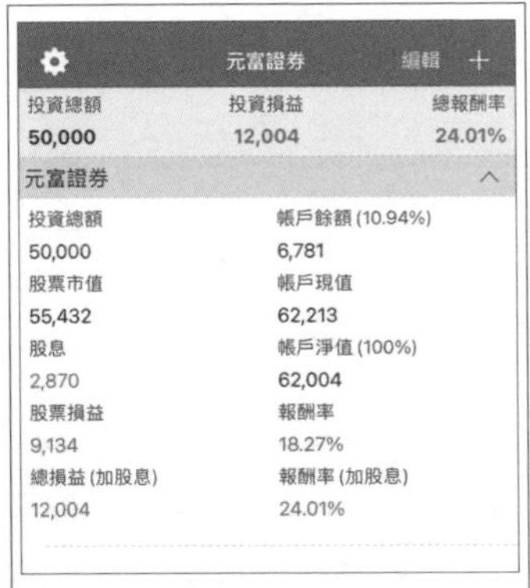

欲使用台股記帳App，可掃描下方的QR Code，或輸入網址下載：

1.iOS版：**台股記帳本**

https://lihi2.cc/0H0Dh

2.**安卓版：台股股票記帳**

https://lihi2.cc/dAqnV

 日常記帳App》輕鬆管理收支

記帳的免費App有很多，但通常只能使用部分功能，可選擇最順手的使用。這款App下載時也是免費的，大部分功能都可使用。

只要有產生收入或支出，就把金額、類別記錄下來，系統會有預設的類別，例如支出類別有「食品酒水」、「居家物業」、「行車交通」等，類別名稱可自行修改。按類別記帳的好處是能透過圓餅圖，快速觀察自己每個月在哪裡花較多錢、有沒有必要花到這麼多錢……，進而著手控管這方面的開銷。

記帳App通常需註冊帳號或用第三方帳戶登入（例如Apple、Google帳號等），並要記得天天備份，才能把資料備份到雲端，以防換手機資料遺失。另外，有些App需付費使用，但功能較完善，一次買斷的費用從數十元到上百元不等，可依個人需求評估。

欲使用日常記帳App，可掃描下方的QR Code，或輸入網址下載：

1.iOS版：CWMoney
https://lihi2.cc/gXhAt

2.安卓版：CWMoney
https://lihi2.cc/iL1Yx

4 貸款計算App》速算每月需還款金額

如果想要評估還款金額，這個貸款計算App有提供簡單的快速試算功能，於❶「貸款金額」、❷「貸款年限」、❸「年利率」等欄位輸入數字，就可以算出❹「月付金」（每月需負擔的還款金額）。

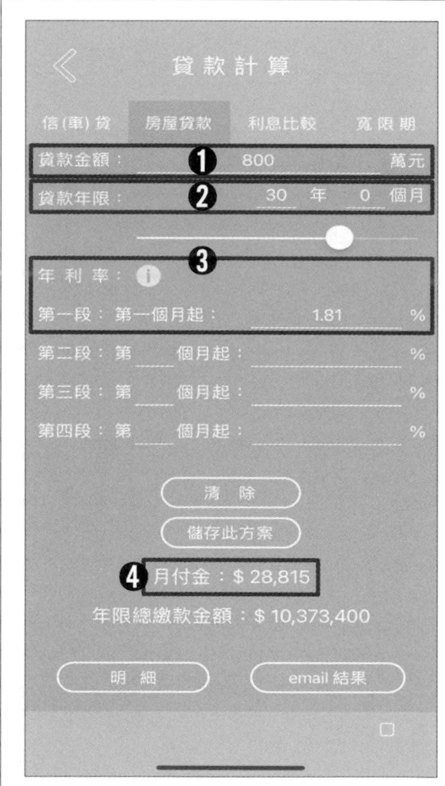

欲使用貸款計算App，可掃描下方的QR Code，或輸入網址下載：

1.iOS版：聽明貸款
https://lihi2.cc/nOPJy

2.安卓版：聰明貸款
https://lihi2.cc/wLVKk

Note

國家圖書館出版品預行編目資料

月光族存到500張股票：超容易複製的存股法，讓股息自己流進來／劉建鑫（牛老闆）著. -- 一版. -- 臺北市：Smart智富文化，城邦文化事業股份有限公司，2023.03
面； 公分
ISBN 978-626-96933-1-3（平裝）

1.CST：股票投資 2.CST：投資技術 3.CST：投資分析

563.53 112000839

Smart智富

月光族存到500張股票：
超容易複製的存股法，讓股息自己流進來

作者 劉建鑫（牛老闆）
主編 黃嫈琪

商周集團
執行長 郭奕伶
總經理 朱紀中

Smart 智富
社長 林正峰
總編輯 劉 萍
總監 楊巧鈴
編輯 邱慧真、施茵曼、林禹盈、陳婕妤、陳婉庭、蔣明倫、劉鈺雯
協力編輯 曾品睿
資深主任設計 張麗珍
封面設計 廖洲文
版面構成 林美玲、廖彥嘉

出版 Smart 智富
地址 104 台北市中山區民生東路二段 141 號 4 樓
網站 smart.businessweekly.com.tw
客戶服務專線 （02）2510-8888
客戶服務傳真 （02）2503-5868
發行 英屬蓋曼群島商家庭傳媒股份有限公司城邦分公司

製版印刷 科樂印刷事業股份有限公司
初版一刷 2023 年 3 月
初版四刷 2023 年 4 月
EISBN 9786269693320

定價 320 元